DANIEL COHEN,
L'ÉCONOMISTE QUI VOULAIT
CHANGER LE MONDE

DANIEL COHEN, L'ÉCONOMISTE QUI VOULAIT CHANGER LE MONDE

Hommage à Daniel Cohen

Préfacé par la famille Cohen

Albin Michel

Tous les droits de cet ouvrage seront versés à la Fondation de l'École normale supérieure pour financer une chaire d'économie et pour un prix d'économie Daniel-Cohen attribué par un jury présidé par Esther Duflo, Prix Nobel d'économie.

« On l'enterra, mais toute la nuit funèbre, aux vitrines éclairées, ses livres, disposés trois par trois, veillaient comme des anges aux ailes éployées et semblaient pour celui qui n'était plus, le symbole de sa résurrection. »

Discours de Bruno Le Maire
citant Marcel Proust à propos
de la disparition de Bergotte
dans *À la recherche du temps perdu*

Sommaire

Préface de la famille Cohen 13

Les tweets officiels 17

Les institutions

Déclaration de Monsieur le Président de la République Emmanuel Macron 23

L'École d'économie de Paris 26

L'École normale supérieure 29

Le Cepremap 30

Toulouse School of Economics 32

La Fondation Jean-Jaurès 33

Le Conseil d'analyse économique 34

L'École des Ponts-ParisTech 36

Le Centre for Economic Policy Research 38

Les médias

Radios

France Culture, Esther Duflo, « En hommage à Daniel Cohen » 43

France Inter, Thomas Piketty, « Un pédagogue incroyable » 46

Quotidiens
Le Monde , « Une pensée en marche et un exceptionnel professeur », par Philippe Escande.............. 48
Le Monde , « L'économiste qui voulait ouvrir le monde à l'économie », par Philippe Escande 53
Le Monde, « Pour Daniel Cohen, la raison a besoin de l'action, des institutions et du débat public », par Frédéric Worms 56
Le Monde, « Grâce à Daniel Cohen, un petit problème d'économie devenait toujours une grande question de société », par Camille Landais 60
Le Figaro, « L'économiste Daniel Cohen s'est éteint ce dimanche », par Amélie Ruhlmann 64
Le Figaro, « Un économiste dans la cité », par Anne de Guigné et Louise Darbon 66
Libération, « Un économiste dans la cité », par Anne-Sophie Lechevallier 70
Libération, « Un monde se clôt », par Julia Cagé 74
Les Échos, « Le célèbre économiste Daniel Cohen est mort », par Mathilde Golla 77
Les Échos, « École d'économie de Paris : la vie sans Daniel Cohen », par Elsa Freyssenet et Isabelle Couet 79

Hebdomadaires
L'Obs, Julia Cagé : « J'étais inscrite en lettres, Daniel Cohen m'a convertie à l'économie », par Sophie Fay et Audrey Cerdan... 87
L'Obs, « Sans Daniel Cohen, je ne serais pas ce que je suis », par Esther Duflo..................................... 90
L'Obs, « Éblouissant Daniel Cohen », par Pascal Riché 94

L'Obs, « Peut-on mieux traverser un deuil grâce aux livres ? », par Pascal Riché 98
Le Point, « L'économiste qui ne se retranchait pas dans sa tour d'ivoire », par Philippine Robert 101
Le Journal du Dimanche, « Un économiste au service de la société », par Olivier Babeau 104
Challenges, « Le monde intellectuel perd une grande figure », par Thierry Fabre 107
Challenges, « La science économique est en deuil », par la rédaction 109

Magazines
Alternatives économiques, « Les idées larges de Daniel Cohen », par Christian Chavagneux 110
Le Grand Continent, « Un grand généraliste », par Antoine Levy et Elena Maximin 114

Les économistes et les universitaires
Frédéric Worms, directeur de l'ENS 121
Jean-Olivier Hairault, directeur de PSE 123
Claudia Senik, directrice du Cepremap 126
Yann Algan, professeur à HEC 129
Martin Andler, professeur au Laboratoire de mathématiques 134
Philippe Askenazy, directeur de recherche au CNRS 137
Françoise Benhamou, professeure au Cercle des économistes et à l'université Sorbonne-Paris-Nord 139
Perrine Simon-Nahum, directrice de recherche au CNRS et professeure et directrice du département de philosophie à l'ENS-PSL 141
Jean-Louis Girodolle, directeur général de Lazard Frères 144

Les proches
Laurent Coenca, P-DG d'Actym 151
Alexandre Wickham, directeur éditorial non-fiction d'Albin Michel 155
Michel Marian, historien et philosophe................. 158
Denis Olivennes, directeur général de *Libération*, président d'Éditis 161
Lotfi Maktouf, fondateur et président d'Almadanya 163
Dominique Proust 166
Laurent Cohen-Tanugi, avocat et essayiste 167
Bernard Spitz, président des Gracques et de France Assureurs 170
Sandrine Treiner, ancienne directrice de France Culture 174
Monique Canto-Sperber, philosophe, ancienne directrice de l'ENS 177
Marie-Hélène Zerah, médecin 182

La famille
Michel Cohen 187
Martine Cohen, Pauline Cohen et Clara Bessis..... 195
David Emmanuel, Julien et Hanna Cohen 199
Roland Chiche.. 202
Hervé David Nahum 204

Oraison de Daniel Cohen, par le rabbin Ariel Messas 207

Bibliographie 213
Remerciements 215

Préface

de la famille Cohen

L'année 2023 avait commencé comme d'habitude par quelques rares jours de vacances avant un agenda de rentrée chargé et une multitude de projets avec l'École normale supérieure et ses élèves, l'École d'économie de Paris et ses chercheurs, le Cepremap et ses études, les missions de conseil dans différents pays surendettés avec la banque Lazard, la publication d'un prochain livre avec Albin Michel, les réflexions du think tank lancé avec la Gates Foundation, les assemblées annuelles de la Banque mondiale et du FMI, de multiples conférences programmées… Le mois de février avait permis de souffler quelques jours à la montagne à Megève, entouré de proches en attendant l'été en famille à Valescure et en Corse… jusqu'à ce jour du mois de mars.

Le 22 mars 2023, alerté par quelques symptômes bénins, Daniel Cohen, notre fils, frère, père, mari, oncle et ami chéri entrait à l'hôpital pour une maladie auto-immune rarissime, qui allait le laisser enfermé cinq mois dans une chambre stérile à lutter contre toutes sortes d'infections, avant qu'épuisé par ce combat farouche contre une aplasie médullaire idiopathique – c'est-à-dire dont on ne connaîtra jamais l'origine – il finisse par nous quitter le dimanche 20 août à 13 heures.

Jusqu'au dernier jour, nous avons cru que la guérison était possible, que ses défenses immunitaires finiraient par repartir et que la ténacité et l'expertise du service d'hématologie de l'hôpital Necker dirigé par le professeur Hermine triompheraient de cette maladie et le sortiraient de ce cauchemar.

Daniel s'est battu comme un lion, avec une rage de vivre, une volonté et une détermination poussées jusqu'au bout de ses forces. Jamais, pas une fois, il ne s'est plaint pendant son séjour à l'hôpital. Pas une seule fois, comme en témoignent sa femme Martine, venue à son chevet tous les jours pendant cinq mois, et sa fille Pauline qui l'appelait plusieurs fois par jour depuis Londres ou venait le voir à Paris, tout comme sa belle-fille Clara et son mari Charles. Il continuait de penser toujours d'abord aux autres. Quand on lui demandait : « mais qu'est-ce qui t'arrive ? », il répondait : « mais qu'est-ce qui nous arrive ? »… et nous avons tous été sidérés, foudroyés, voire incrédules puis dévastés par sa disparition.

Son décès a déclenché un torrent d'hommages bouleversants de toutes parts, de ses pairs, de ses amis fidèles, de ses proches, de la classe politique comme de la presse, tous bords confondus, qui se déversait pour honorer sa mémoire, son sens de la pédagogie, son intelligence fulgurante, sa générosité, sa bienveillance, son ouverture.

Cet élan en l'honneur de sa mémoire s'est traduit dans le mois qui a suivi sa disparition par une magnifique journée d'hommage digne, poignante, et d'un niveau intellectuel remarquable, organisée par l'École normale supérieure, l'École d'économie de Paris et le Cepremap, au terme de laquelle une chaire d'économie et un prix d'économie Daniel-Cohen attribué par un jury présidé par Esther Duflo ont été annoncés, et l'amphithéâtre du campus Jourdan a été baptisé « Daniel Cohen » par Bruno Le Maire, ministre de l'Économie et des Finances, si proche de lui, et par Sylvie Retailleau, ministre de l'Enseignement supérieur et de la Recherche, qui a réaffirmé avec force son soutien à l'École d'économie de Paris.

C'était une célébration posthume du jubilé de Daniel Cohen à l'École normale supérieure qu'il avait intégrée au mois de septembre 1973, il y a très exactement cinquante ans, porté par un sentiment d'euphorie, une joie immense, un peu d'incrédulité aussi, comme un rêve qui se réalise après tant d'efforts. Il avait un immense respect pour cette institution synonyme d'émancipation, d'ouverture, d'intelligence et de liberté, qui lui a tant apporté et à laquelle il a tant donné.

Et maintenant ? Comment rendre hommage à une vie aussi exceptionnelle que celle de Daniel ? Des rivages de la Tunisie à la rue d'Ulm, des bancs du lycée Louis-le-Grand à l'oreille des plus grands *decision-makers* de la planète, de Harvard à la création de l'École d'économie de Paris et à la direction du Cepremap, de l'homme le plus pauvre du monde, une femme africaine[1], à Bill Gates, de son père médecin au prophète non égaré des temps nouveaux[2]…, Daniel a passé sa vie à s'ouvrir au monde et à ouvrir le monde à l'économie. Il voulait changer le monde.

---

1. « L'homme le plus pauvre du monde est… une femme africaine », *in* D. Cohen, *Richesse du monde, pauvretés des nations*, Flammarion, 1997.

2. D. Cohen, *Homo economicus, prophète (égaré) des temps nouveaux*, Albin Michel, 2012.

Le jour de son enterrement, le rabbin Ariel Messas nous a rappelé qu'il y a deux types d'éternité de l'âme : celle dans le ciel, que chacun se représente à sa façon, et celle sur terre. Cette éternité, ce sont les enseignements, les travaux, les ouvrages de Daniel. Cette capacité à nous faire voir la lumière. À nous de faire vivre cette flamme, de la partager, de la transmettre, de la porter, pour que le souvenir de Daniel soit pour tous et pour toujours une source de lumière et d'inspiration.

Telle est l'ambition de ce livre, au-delà de l'hommage poignant rendu par tous ceux pour lesquels il a compté.

Les tweets officiels

20 août 2023

@EmmanuelMacron

Daniel Cohen était un professeur. Un homme d'idéal et de transmission. De débats et d'engagement.

Nous perdons un grand intellectuel, un économiste qui fit rayonner notre recherche française, un humaniste sincère.

20 août 2023

@Elisabeth_Borne

C'est avec tristesse que j'apprends la disparition de Daniel Cohen, grand chercheur et économiste brillant.

Sa vision de l'économie française et des grandes révolutions notamment numérique manqueront au débat public. Mes pensées vont à ses proches, ses collègues et ses étudiants.

20 août 2023

@BrunoLeMaire

Hommage à Daniel Cohen, qui était non seulement un immense économiste, mais aussi un pédagogue hors pair, un défricheur d'idées nouvelles, un auteur brillant et convaincant. Il aura été un conseil précieux pendant la crise du Covid. Nous perdons tous une voix et un ami.

20 août 2023

@oliviagregoire

La France perd aujourd'hui l'un de ses plus brillants économistes. Son sens de la pédagogie et son engagement sans faille à développer la culture économique en France nous manqueront. Infinie tristesse et pensées à ses proches.

20 août 2023

@AgnesRunacher

Grand humaniste, chercheur reconnu et pédagogue, Daniel Cohen savait éclairer avec simplicité et limpidité les faits économiques. Toutes mes pensées vont à sa famille et ses proches.

20 août 2023

@RolandLescure

Un grand économiste français nous a quitté. Daniel Cohen alliait rigueur et sens de la pédagogie, deux qualités qui ne vont pas toujours ensemble, et qui rendaient ses interventions publiques précieuses. Toutes nos condoléances à ses proches.

20 août 2023

@faureolivier

Daniel Cohen alliait passion et passion de transmettre sa passion. Tristesse et sincères condoléances à sa famille, ses proches, ses collègues et la vaste tribu de ses élèves.

20 août 2023

@fhollande

La disparition de Daniel Cohen est une immense perte pour la recherche économique et pour l'analyse de nos sociétés. Il avait contribué à éclairer nos choix sur la crise financière et celle des dettes souveraines. Il était aussi un pédagogue précieux qui, au-delà de ses propres engagements, montrait les risques liés à la place des géants du numérique. Il nous manquera. Condoléances attristées à sa famille.

20 août 2023

@yjadot

Immense tristesse. Daniel Cohen n'était pas seulement un économiste remarquablement intelligent, connecté aux enjeux de notre temps. Il était profondément humaniste, engagé, disponible, drôle. Toutes mes condoléances à sa famille et à ses proches.

LES INSTITUTIONS

Déclaration de Monsieur le Président de la République Emmanuel Macron

Daniel Cohen savait conjuguer l'économie avec toutes les disciplines, pour dénouer les énigmes du passé, prédire les métamorphoses de demain, et faire vivre aujourd'hui, ses idéaux. Il savait aussi et surtout transmettre la passion de l'économie à ses étudiants et à ses dizaines de milliers de lecteurs. Sa disparition ce 20 août, à l'âge de 70 ans, est ainsi celle d'un professeur engagé dans la vie de la cité, et d'un acteur passionné et reconnu du débat d'idées.

Né le 16 juin 1953 à Tunis, Daniel Cohen intègre l'École normale supérieure de la rue d'Ulm en 1973. Doublement agrégé de mathématiques et de sciences économiques, professeur invité à Harvard au milieu des années 1980, Daniel Cohen croisa la route de Jeffrey Sachs, spécialiste des mécanismes d'endettement, qui l'enjoignit à éprouver sa virtuosité théorique au contact du réel. Ensemble, les deux économistes conseillèrent de nombreux pays en voie de développement. Daniel Cohen, surtout, forgea au cours de ces années ce qui ferait son identité intellectuelle : une science économique sans cesse mesurée à sa validité empirique, une haute ambition pour changer le monde, combinée avec le goût du pragmatisme. De retour en France comme enseignant, Daniel Cohen transmit par exemple à Esther Duflo, future prix Nobel d'économie en 2019, cette exigence de trouver sur le terrain une part de la réponse aux débats scientifiques.

Car surtout, Daniel Cohen fut un professeur, un pédagogue qui donnait cours mais accompagnait, ensuite, chaque parcours et chaque destin. Et ce furent quelques promotions de ses étudiants, devenus les plus grands noms de la recherche française, qui contractèrent une dette intellectuelle auprès de ce spécialiste de l'endettement souverain. Les cours de Daniel Cohen échappaient aux excès du formalisme mathématique, invitant l'histoire, la littérature, l'art du récit aux courbes et aux fonctions logiques. Daniel Cohen disposait de toute l'envergure, l'humour et l'autorité douce pour faire ressortir les joies et les pouvoirs théoriques de la science économique. Il forma dès lors une génération d'esprits libres, pétris des humanités classiques et soucieux des enjeux contemporains autour des inégalités et de la soutenabilité de la croissance, des économistes reconnus pour l'originalité de leur approche et leur excellence théorique : Gabriel Zucman, Antoine Bozio, Camille Landais, Augustin Landier, Emmanuel Farhi, Emmanuel Saez, Pascaline Dupas ou Xavier Gabaix. Directeur du Centre pour la recherche économique et ses applications, le Cepremap, il prit la tête de l'École d'économie de Paris (PSE) en 2021 dont il avait été l'un des fondateurs.

Peu à peu, ce pédagogue élargit son audience à des dizaines de milliers de lecteurs, au rythme de publications rencontrant un succès croissant. *Richesse du monde, pauvretés des nations* paru en 1997 marqua ainsi son apparition médiatique, Daniel Cohen se faisant l'écho critique des insuccès de la mondialisation au tournant du siècle. Proche de la deuxième gauche, signature du *Nouvel Observateur*, Daniel Cohen concourut aussi à l'animation de la vie des idées en devenant président du conseil scientifique de la Fondation Jean-Jaurès, aux côtés de son directeur général, Gilles Finchelstein. Son dernier essai, *Homo numericus*, paru en 2022, témoignait de sa lucidité face aux défis d'un monde où la révolution numérique risque d'entraîner l'affaissement des grands idéaux humanistes, d'une idée même de l'homme, faite de culture et d'émancipation, auquel ce grand professeur tenait tant.

Le président de la République et son épouse saluent la mémoire d'une figure de la vie universitaire, économique, intellectuelle et médiatique française, celle d'un homme qui partait du réel pour aller vers l'idéal, avec la générosité et la passion d'un grand professeur. Ils adressent à sa famille et à ses proches leurs condoléances émues.

20 août 2023

L'École d'économie de Paris

Après avoir fondé PSE-École d'économie de Paris en 2006 avec Thomas Piketty, Daniel Cohen en était le président depuis 2021. Toute la communauté de Paris School of Economics ressent une immense tristesse et un terrible vide face à cette disparition. Elle souhaite exprimer toute sa reconnaissance à Daniel Cohen pour sa vision, son brio et son audace.

Daniel Cohen n'avait pas d'égal. Il était tout à la fois un grand scientifique, un professeur qui a fait école, un vulgarisateur transmetteur d'intelligence, un intellectuel de premier plan éclairant et suscitant les débats de société.

Spécialiste internationalement reconnu de la dette publique et de l'inflation, il a publié de nombreux articles scientifiques qui font référence dans ces domaines. Ses cours érudits et passionnés à l'École normale supérieure et à Paris School of Economics ont suscité de nombreuses vocations et créé une véritable filiation autour d'une économie profondément humaine et ouverte sur d'autres disciplines. Sa fierté était avant tout de voir ceux qui avaient été ses élèves porter haut partout dans le monde sa vision de l'économie. Il a aussi beaucoup œuvré pour retenir ou faire revenir des talents scientifiques en France.

Mais l'aura de Daniel Cohen allait bien au-delà de la sphère académique. Ses livres « grand public » touchaient véritablement une large audience grâce à une rare qualité d'exposition et une éclatante érudition. Ses qualités exceptionnelles de pédagogue ont permis à de nombreux Français de mieux comprendre les grandes transformations qui façonnent leur existence. Il était un formidable conteur au service de la connaissance et de sa diffusion.

Daniel Cohen était profondément convaincu que la recherche pouvait et devait aider la politique économique des gouvernements, et se mettre ainsi au service de la société. Il l'a réalisé par son engagement personnel, mais également en dirigeant le Cepremap et en présidant Paris School of Economics. Il le faisait de façon pragmatique, avec le souci de mettre ses idées à l'épreuve des faits, et en y mettant une conviction sans égale.

Daniel Cohen occupait une place particulière dans la communauté des économistes et plus largement des intellectuels. Plus que tout autre, il a su mettre son intelligence et sa grande notoriété au service de projets collectifs dans lesquels il veillait à faire émerger les nouvelles idées – même lorsqu'elles étaient éloignées des siennes – et à soutenir les nouveaux talents qui prenaient ensuite leur propre autonomie.

Daniel Cohen portait et incarnait l'intelligence, et non une doctrine particulière, qui aurait été trop étroite pour la richesse et le foisonnement de sa propre pensée. C'est pour cela que nous l'aimions et le respections. C'est pour cela que tant de chercheurs aujourd'hui ressentent vivement ce qu'ils doivent à Daniel Cohen. Esprit curieux et lumineux, intellectuel unique et exemplaire, homme chaleureux et attentionné, il nous manquera profondément.

La communauté de Paris School of Economics
21 août 2023

L'École normale supérieure

L'École normale supérieure a appris avec une très profonde émotion le décès de Daniel Cohen, à Paris, le 20 août 2023. L'École dit toute son amitié et tout son soutien à sa famille, ses amis, ses élèves et ses collègues.

L'École normale supérieure lui sera fidèle comme il l'a toujours été envers elle : élève en mathématiques, professeur, puis créateur et directeur du département d'économie, maître de tant d'élèves devenus des maîtres et restés dans le monde entier ses amies et amis, créateur du Cepremap, initiateur de l'École d'économie de Paris qu'il ne séparait jamais de l'ENS (sur le campus Jourdan où il va tant manquer).

Il avait le don d'expliquer à toutes et à tous, au-delà de l'École et dans la société, le meilleur des mondes possibles, et pas seulement en économie. Ce qui veut dire aussi qu'il s'inquiétait du pire, qu'il savait possible. Mais il mettait tout en œuvre pour le meilleur, dans tous les ordres, institutionnel, intellectuel et profondément personnel. Gratitude et amitié à lui pour aujourd'hui et pour demain.

Message envoyé à la communauté de l'ENS,
le 21 août 2023

Le Cepremap

Depuis 2005, Daniel Cohen dirigeait le Cepremap en l'inscrivant à l'interface entre la recherche et les administrations publiques. La personnalité de Daniel Cohen a largement façonné le mode de fonctionnement du Cepremap qu'il a voulu flexible, ouvert aux partenariats en France et à l'étranger et constamment renouvelé dans ses thèmes et les chercheurs mobilisés. Daniel Cohen a ainsi veillé à mettre la recherche la plus novatrice au service du débat public.

Sous son impulsion, et en collaboration avec ses partenaires institutionnels, le Cepremap a renforcé son rôle d'appui à la politique publique, grâce à ses programmes thématiques et à de nouveaux outils pérennes, tout en restant fidèle à sa tradition d'excellence théorique et de pionnier de la modélisation. Dans cet esprit d'exploration et d'ouverture, Daniel Cohen a promu le développement de nombreux projets : Dynare, DBnomics, Observatoire de macro-économie, Observatoire du bien-être. Renouant avec ses premiers centres d'intérêt, Daniel Cohen avait également récemment créé un nouveau réseau au service du développement, le Finance for Development Lab.

Suivant une démarche pédagogique qui lui était chère, Daniel Cohen avait enfin conduit le Cepremap à diffuser ses recherches à destination d'un large public, à travers la collection des Opuscules du Cepremap, publiés par les Presses de l'ENS, et ses recueils collectifs bisannuels *Questions d'économie*, publiés par Albin Michel.

Les chercheurs et le personnel impliqués dans l'organisation du Cepremap auront à cœur de faire en sorte que ce projet se poursuive dans un esprit fidèle à la ligne imprimée par Daniel Cohen.

Nous restons inconsolables de la perte de notre directeur, notre ami, chercheur brillant, curieux, généreux et dévoué.

22 août 2023

Benoît Cœuré, président du Cepremap, Claudia Senik, directrice-adjointe du Cepremap, directrice de l'Observatoire du bien-être, Eugénie Fernandes, secrétaire de direction, François Langot, directeur de l'Observatoire de macro-économie, Stéphane Adjemian, Sébastien Villemot, projet Dynare, Christophe Benz, projet DBnomics, Mathieu Perona, directeur exécutif de l'Observatoire du bien-être, Luc Behaghel, Philippe Askenazy, Dominique Meurs, axe Travail et Emploi, Maya Bacache-Beauvaller, Antoine Bozio, Brigitte Dormont, axe Économie publique et redistribution, Ishac Diwan, Miren Lafourcade, Sylvie Lambert, Katheline Schubert, axe Mondialisation, développement et environnement, Guilhem Cassan, Maëlys de la Rupelle, Clément Imbert, Olivier Vanden Eynden, Thomas Vendryes, groupe Inde-Chine.

Toulouse School of Economics

La science économique française est en deuil. Daniel Cohen, un de ses esprits les plus vifs, s'est éteint le 20 août. Passeur de savoir hors pair, auteur de livres remarquablement ciselés, enseignant et chercheur passionné, il a façonné plusieurs générations de normaliens, et a servi d'inspiration à ceux qui l'ont suivi dans une carrière académique. Il a toujours encouragé ces derniers à aller voir au-delà de nos frontières ; et il les a poussés à faire un doctorat dans les universités anglo-saxonnes, accélérant ainsi leur carrière. Professeur d'économie à l'École normale supérieure, il joua aussi un grand rôle dans la création de l'École d'économie de Paris.

Sa personnalité chaleureuse et son pragmatisme en faisait un personnage attachant. À titre personnel, je n'oublierai jamais nos conversations passionnées, s'étendant de diners en 1981 (au tout début de notre carrière) autour de sujets comme la dette souveraine jusqu'au rapport de 2021 de la commission Blanchard-Tirole, dont il fut un des membres les plus actifs et à laquelle il fit des contributions remarquées. Daniel nous manquera beaucoup.

Jean Tirole, Prix Nobel d'économie,
président honoraire de TSE
21 août 2023

La Fondation Jean-Jaurès

La Fondation Jean-Jaurès apprend avec une tristesse infinie la disparition de Daniel Cohen. Président pendant plus de quinze ans de notre Conseil d'orientation scientifique, il nous a apporté tellement plus que son immense compétence : sa curiosité, sa générosité, son humanité, ses convictions.

Jean-Marc Ayrault
21 août 2023

Le Conseil d'analyse économique

Daniel Cohen était professeur d'économie à l'École normale supérieure de la rue d'Ulm et vice-président de sa fondation, président depuis 2021 de l'École d'économie de Paris et directeur du Centre pour la recherche économique et ses applications (Cepremap). Il a été un membre très actif du Conseil d'analyse économique, depuis sa création, en 1997, et jusqu'en 2012. Récemment, il participait encore aux travaux du Conseil en signant une note, en 2021, qui offrait un retour d'expérience sur les principaux traits de la crise du Covid-19.

Daniel Cohen a personnellement contribué à de très nombreux travaux pour le CAE et animé une multitude de débats et de discussions avec les membres, couvrant un spectre de sujets très large, à l'image de l'étendue des questionnements économiques qui ont jalonné sa carrière et de son intérêt toujours aigu pour les politiques publiques. Il est ainsi coauteur de sept rapports du CAE :

– en janvier 1998, *Partage de la valeur ajoutée*, un rapport coécrit avec Patrick Artus ;

– en septembre 2000, *Nouvelle Économie*, coécrit avec Michèle Debonneuil ;

– en septembre 2003, *Crise de la dette : prévention et résolution*, coécrit avec Richard Portes ;

– en décembre 2004, *Réformer le pacte de stabilité et de croissance*, coécrit avec plusieurs autres contributeurs ;

– en septembre 2006, *La France et l'aide publique au développement*, coécrit avec Sylviane Guillaumont-Jeanneney et Pierre Jacquet ;

– en août 2007, *Mondialisation : les atouts de la France*, coécrit avec Philippe Aghion, Patrick Artus, Élie Cohen, Lionel Fontagné, Thierry Madiès et Thierry Verdier ;

– en août 2008, *La Mondialisation immatérielle*, coécrit avec Thierry Verdier.

Plus récemment, il a également signé des publications pour le CAE pour livrer ses analyses sur la gestion de la crise Covid-19 :

– en octobre 2021, *Les Français au temps du Covid : économie et société face au risque sanitaire*, une note coécrite avec Yann Algan.

25 août 2023

L'École des Ponts-ParisTech

C'est avec une très grande tristesse et une profonde émotion que nous avons appris le décès de Daniel Cohen.

Économiste brillant, universitaire reconnu dans le monde entier, Daniel Cohen était un enseignant remarquable et un pédagogue hors pair. Il a formé des générations d'étudiants dont certains sont parmi les économistes les plus importants et les plus influents de notre temps.

Mais son aura allait bien au-delà des cercles universitaires. Intellectuel lumineux et exemplaire, homme libre et engagé, il participait activement aux débats de notre société, les suscitant et les stimulant. Ses articles dans la presse, ses livres de vulgarisation, ses interventions dans les médias audiovisuels ont fait de lui une voix singulière, forte, écoutée et respectée.

Daniel Cohen a été l'un des artisans de la création de l'École d'économie de Paris dont l'École des Ponts-ParisTech est membre fondateur. Centre de formation en économie de renommée mondiale, la Paris School of Economics (PSE) a pu bénéficier de la richesse de pensée et de la vision de Daniel Cohen. Ce dernier a soutenu et encouragé de nombreux projets très novateurs qui participent à la notoriété de PSE et à son rayonnement.

Aujourd'hui, les chercheurs et étudiants de l'École des Ponts-ParisTech, membres de PSE, sont affectés par la disparition d'un collègue chaleureux et attentionné, qui laisse un grand vide dans le laboratoire. Mais au-delà, c'est toute la communauté éducative et scientifique de l'École qui perd un de ses membres les plus éminents.

La voix de Daniel Cohen s'est éteinte, mais son œuvre et sa pensée resteront vives pour longtemps. L'École des Ponts-ParisTech est fière d'avoir modestement contribué à la création de l'École d'économie de Paris à ses côtés, qu'elle continuera de soutenir dans son développement.

22 août 2023

Le Centre for Economic Policy Research

With deep sadness tempered by some pride, I record the passing of a dear friend and wonderful colleague. The pride is that economics, our economics, could provide a secure intellectual base for this protean personality to reach out into many disciplines and widely influence thinking and policy. He did not need a'new paradigm'. Pride too that Daniel was so enthusiastic in his French, European and global identities. CEPR benefited hugely from his European commitment. And no one was happier than Daniel to see the Centre finally establish a Paris base. Finally, personal pride that we worked together on sovereign debt. In theory and in practice, Daniel always sought the best among the self-fulfilling equilibria. May that commitment inspire us all.

Daniel Cohen passed away on Sunday 20 August. This is a huge loss in many dimensions. Daniel was an outstanding economist and public intellectual whose contributions were both wide and deep. Tributes have already appeared from leading economists and politicians. His professional accomplishments will feature in many notices. CEPR adds here our own brief citation of Daniel's key role in the early years of the Centre and his subsequent wide-ranging participation in CEPR activities.

Daniel Cohen was one of the first cohort of Research Fellows in CEPR's International Macroeconomics programme. From the mid-1980s, he was a frequent leading author in early CEPR reports on major economic policy issues. He was Co-Director, between 1992 and 1997, of the International Macroeconomics programme. Daniel wrote or co-authored many CEPR publications, including over 40 Discussion Papers as well as books and reports, spanning almost four decades. He also wrote for VoxEU, most recently on the rise of populism in French politics and the importance of trust in government during the management of the Covid-19 pandemic. His intellectual and policy interests were French, European and global, adding greatly to CEPR's reach.

Richard Portes, Founder and Honorary President of CEPR, had the privilege of working with Daniel in CEPR and also what became the Paris School of Economics. Learning of Daniel's death, he said : We owe an immense debt to Daniel, first for rigorous intellectual stimulation, and far beyond that for the amazingly broad and deeply humanist perspective he brought to economics in its social and political context. This enriched CEPR and the lives of all who knew him.

Richard Portes, *Founder and Honorary President of CEPR*
21 août 2023

LES MÉDIAS

«En hommage à Daniel Cohen»

Esther Duflo, France Culture

Je voudrais lui dédier l'ensemble de mes chroniques, même si j'aurais tant aimé qu'il puisse les écouter, ou mieux encore être à ma place. Il l'aurait mieux fait que moi. De bon matin, sa verve et sa bonne humeur imperturbable auraient permis aux auditeurs de la matinale de bien démarrer leur semaine, un peu mieux informés et un peu plus optimistes.

Mais Daniel Cohen, économiste et président du conseil d'administration de l'École d'économie de Paris, s'est éteint à Paris à la fin de l'été, à tout juste 70 ans. Il venait de prendre sa retraite en tant que professeur à l'École normale supérieure, mais il demeurait plus actif que jamais. Jusqu'au bout, il avait des projets ambitieux pour l'École, projets qu'il nous reste à essayer de réaliser sans lui.

Bien qu'il n'ait pas été mon directeur de thèse, que j'ai faite au MIT, Daniel a eu une influence considérable sur ma vie, ma carrière et ma façon de penser : il m'a convaincue de m'inscrire en économie en complément de mon cursus d'histoire ; il m'a montré que les économistes pouvaient changer le monde (pour le meilleur ou pour le pire) ; et surtout son travail démontrait la possibilité d'une économie différente de celle qui était alors enseignée à l'université.

Des générations d'économistes de 50 ans ou moins, comme Julia Cagé, Pascaline Dupas, Antoine Bozio, Camille Landais, Gabriel Zucman, le regretté Emmanuel Farhi, et tant d'autres, lui doivent, tout ou partie, leur choix de profession et la manière dont ils ont choisi de l'exercer.

Au-delà de ce groupe, c'est l'état d'esprit de l'ensemble de la recherche française en économie sur lequel il a exercé une profonde (et bénéfique) influence. Au début des années 1990, il accepte de créer un département d'économie à l'École normale supérieure de la rue d'Ulm. Un choix courageux, car il se trouvait complètement isolé, sans collègues et quasiment sans aucun étudiant. L'économie n'avait pas si bonne presse dans le temple de l'élite universitaire. Mais il pensait pouvoir persuader plus de normaliens et normaliennes, littéraires et scientifiques, à s'y mettre, et il s'y est employé, grâce non seulement à son incroyable charme personnel, qui conduisait tout le monde à vouloir le suivre, mais aussi à un travail exceptionnel pour construire une institution, en commençant par l'adaptation du cursus des normaliens, pour s'achever par la création, avec Thomas Piketty, de l'École d'économie de Paris en 2006.

Ce travail institutionnel aurait accouché d'une coquille vide s'il ne s'était pas nourri d'une vision nouvelle, très en avance sur son temps, de ce que pouvait et devait être la recherche en économie en France. Dans les années 1990, elle était encore très théorique. Les meilleurs économistes français étaient souvent des statisticiens ou des ingénieurs reconvertis à la modélisation. Daniel Cohen, bien que mathématicien de formation, avait toujours gardé un pied dans le monde réel, et voulait que l'économie soit au service d'une meilleure compréhension du monde, en complément d'autres sciences sociales.

Il voulait aussi qu'elle perde son aura d'incompréhensibilité, qu'elle devienne transparente et ouverte au débat. Il a fait toute sa vie la démonstration brillante de sa méthode, dans une série de livres grand public et dans ses interventions dans les médias.

C'est aussi ce qui l'a conduit à encourager ses étudiants à choisir une économie appliquée, à travailler sur des problèmes très concrets, et à ne pas hésiter à s'engager dans le débat politique.

En 2020, plusieurs articles sont sortis dans la presse américaine pour s'interroger sur l'influence des « Frenchies » dans le débat public américain et auprès de certains candidats. Ce n'est certainement pas un hasard si tous ces « Frenchies » étaient des étudiants ou des collègues de Daniel Cohen. Il nous manque déjà.

28 août 2023

« Un pédagogue incroyable »

Thomas Piketty, France Inter

Au lendemain de l'annonce de la mort de l'économiste Daniel Cohen, Thomas Piketty, économiste, professeur à l'école d'économie de Paris est l'invité de 7 h 50 sur France Inter pour évoquer le travail de son collègue.

L'économiste Daniel Cohen, mort dimanche à 70 ans, était « un pédagogue incroyable », salue l'économiste Thomas Piketty. Il se dit « très choqué » par le décès de Daniel Cohen avec qui il a cofondé l'École d'économie de Paris en 2006. Thomas Piketty rend hommage à une figure du monde universitaire qui « a aidé beaucoup d'entre nous à sortir d'une certaine forme d'académisme de l'économie se complaisant dans la technique et les modèles mathématiques ».

Daniel Cohen était un spécialiste de la dette souveraine. Il s'intéressait particulièrement « aux négociations pour annuler les dettes des pays les plus pauvres », question que Thomas Piketty considère « fondamentale car les créditeurs disent toujours que c'est impossible mais en pratique il y a toujours des renégociations, des annulations partielles ». Il incarnait « l'économie politique » et se penchait ainsi sur plusieurs thèmes comme « le chômage des jeunes, ou pourquoi les pays pauvres restent pauvres, etc. ».

Selon Thomas Piketty, Daniel Cohen « voyait cette discipline comme un élément fondamental de citoyenneté ». L'universitaire « a eu une influence considérable sur beaucoup de chercheurs, comme Julia Cagé et Julien Grenet », indique-t-il. Il salue la capacité qu'avait Daniel Cohen de convaincre les étudiants, de leur « donner le goût d'une discipline qui parfois a quelque chose d'un peu repoussant ». « Il voyait cette discipline comme un élément fondamental de citoyenneté » et le rôle de l'économiste comme celui « de pouvoir contribuer à la délibération publique et démocratique, et ce, modestement », se remémore Thomas Piketty.

S'il « avait une envergure internationale et une connaissance des modèles et théories les plus récents », Daniel Cohen n'était pas pour autant « dans le culte du passé et des Trente Glorieuses ». « Il allait regarder Internet et les technologies numériques, avec un besoin de régulation politique et de cadre institutionnel », se souvient Thomas Piketty. Il dresse également le portrait d'un économiste « toujours pondéré et modéré dans ses appréciations. Daniel Cohen avait soutenu François Hollande lors de la campagne présidentielle de 2012, puis l'ancien candidat socialiste Benoît Hamon en 2017.

« Il y avait toujours chez lui cette volonté d'éclairer le débat avec, à la fois, un mélange d'inquiétude face à ce monde de la compétition généralisée qu'il décrivait et, en même temps, toujours ce regard positif », dit l'économiste Thomas Piketty.

21 août 2023

« Une pensée en marche et un exceptionnel professeur »

Philippe Escande, *Le Monde*

Le plus respecté – et le plus pédagogue – des économistes français s'est éteint dimanche à l'âge de 70 ans. Professeur d'économie à l'École normale, il n'a cessé de recoller la discipline à la vie concrète.

Il pouvait disserter avec la même gourmandise et le même brio du destin tennistique de Roger Federer, de la crise de la dette en Afrique et du devenir de notre civilisation à la fois prospère et malheureuse. C'est un grand esprit du monde, l'économiste Daniel Cohen, qui s'est éteint ce dimanche 20 août, à l'âge de 70 ans, à l'hôpital Necker, à Paris, d'une maladie du sang. Il laisse en héritage une génération exceptionnelle d'élèves, dont un prix Nobel, et une pensée foisonnante et riche qui s'est épanouie dans plus d'une quinzaine de livres. Il était pour cela le plus respecté des économistes français et le plus célèbre dans le grand public par la vertu pédagogique et éclairante de ses ouvrages.

Né le 16 juin 1953, à Tunis, il a passé son enfance à Paris, choyé par une mère pharmacienne et un père médecin. Il a 15 ans quand éclate la révolte étudiante de 1968, premier éveil politique. Son père rêvait de faire un polytechnicien de ce crack en maths. Daniel Cohen réussit le concours, mais choisit l'École normale supérieure et décroche l'agrégation de mathématiques en

1976. Mais la crise pétrolière de 1973, qui sonne la fin de la grande croissance de l'après-guerre, l'intrigue trop pour qu'il ne cherche à comprendre ce basculement fondamental qui apportera quelques années plus tard l'inflation, le chômage et la désindustrialisation. La fin d'un monde et le début d'un autre.

« Nous partagions la même passion pour les romans de Kundera, de Garcia Marquez ou de Vargas Llosa, où se mêlaient politique et littérature », raconte l'historien et philosophe Michel Marian, son copain de l'ENS. Tout cela sur fond de décomposition lente du marxisme qui imprégnait tous les cours d'économie. Politique, culture, économie, le petit génie des chiffres ne pourra jamais se résoudre à abandonner une discipline, car tout est utile pour comprendre et expliquer le monde.

Une écurie Cohen

Son premier livre grand public, *Les Infortunes de la prospérité* (Julliard, 1994), s'ouvre ainsi sur une analogie entre la disparition de la croissance et celle de Mlle Albertine, qui fait tant souffrir Proust dans *À la recherche du temps perdu.* « Mais la croissance n'est pas revenue, et la politique économique déçue a fini par décréter sa propre inutilité, reportant sur la croissance infidèle la responsabilité de ses malheurs », poursuit Daniel Cohen, qui pose ainsi, dès le début des années 1990, le diagnostic d'un monde en mutation dans un style lui aussi très littéraire.

C'est dix ans plus tôt, lors de deux années à l'université Harvard, aux États-Unis, qu'il va prendre la mesure de la révolution touchant les sciences économiques et qui va orienter son enseignement futur. Loin des querelles idéologiques déchirant la France de l'époque entre théoriciens marxistes et libéraux, il découvre une approche plus près du terrain, qui s'attache à comprendre le problème au niveau le plus bas avant de remonter à la théorie. Il y croise de futures stars de la discipline comme Paul

Krugman, Olivier Blanchard ou Jeffrey Sachs. Il deviendra avec ce dernier un spécialiste mondial de la restructuration des dettes des pays en développement, puis des pays de l'Est. À ce titre, il était conseiller de la banque Lazard.

Professeur d'économie à l'ENS, il ne cessera de recoller la discipline à la vie concrète. Il donne ainsi souvent en exemple l'une de ses plus belles réussites, son élève Esther Duflo, prix Nobel d'économie en 2019, qui a dépassé les querelles idéologiques entre partisans et adversaires de l'accroissement des aides financières aux pays en développement pour étudier directement sur le terrain ce qui fonctionne et ce qui ne marche pas. « Esther voulait faire de l'histoire, moi de la philosophie. On voulait changer le monde. C'est Daniel qui nous a accrochées pour nous convaincre de faire de l'économie », se souvient une autre de ses élèves, Julia Cagé. Cette dernière a été lauréate du dernier prix du Meilleur jeune économiste, décerné par le Cercle des économistes et *Le Monde*.

Avant elle, Gabriel Zucman, Emmanuel Saez, Esther Duflo, Pascaline Dupas, Emmanuel Farhi, Augustin Landier, Thomas Piketty, Antoine Bozio, Camille Landais, entre autres, ont reçu la prestigieuse distinction et sont tous issus de l'écurie Cohen. Certains travaillent désormais à l'étranger, mais beaucoup sont revenus et participent au renouveau de l'école française d'économie. « Daniel a toujours cherché à faire décoller la carrière de ses élèves, y compris en les poussant à prendre le large pour se confronter à l'excellence internationale. Je lui dois énormément », dit de lui Augustin Landier, revenu en France après avoir été professeur à l'université de New York.

Pour franchir un palier supplémentaire, Daniel Cohen a participé activement, avec Thomas Piketty, à la fondation de l'École d'économie de Paris, rassemblant les laboratoires des principaux centres de recherche en économie à Paris et dont la visibilité internationale est désormais établie. Politiquement, il s'est engagé, à gauche, soutenant Martine Aubry, puis François Hollande, en 2012, et Benoît Hamon, en 2017, mais sans étiquette ni dogmatisme. En homme libre. Il a également été membre du Conseil d'analyse économique, qui produit des études et rapports pour le gouvernement, de 1997 à 2012.

Un humaniste de la Renaissance

Et puis il y a l'intellectuel universel. Celui qui partait s'exiler à l'Heure bleue, le bel hôtel d'Essaouira, au Maroc, avec une valise de livres, pour écrire. Comme le souligne son éditeur et ami chez Albin Michel, Alexandre Wickham, il est le premier économiste à avoir fait œuvre littéraire. C'est-à-dire qui a mis son style au service d'une approche autant anthropologique qu'économique. Capable de relier la naissance de la monnaie chez Crésus, l'invention de la culpabilité par les premiers juifs et le destin de nos nations numérisées. « Un humaniste de la Renaissance », comme le souligne l'économiste Yann Algan, passionné par l'évolution de la société, qu'il chronique de livre en livre en convoquant la philosophie, la psychologie, l'histoire et les sciences, comme le faisaient les pionniers de l'économie politique au siècle des Lumières. Amateur de paradoxes, il s'interroge d'abord sur celui d'une société si riche et tolérante, et pourtant incapable d'assurer le bonheur et la sérénité de ses citoyens. Comme si sa prospérité et la liberté des individus devaient se payer en stress et en désocialisation.

Dès 1997, dans *Richesse du monde, pauvretés des nations* (Flammarion), il dissèque les effets de la globalisation sur l'accélération des inégalités. Ses *Trois leçons sur la société post-industrielle* (Seuil, 2006), issues de conférences données au Collège de France, poursuivent la réflexion en racontant la dissolution de la société fordiste, abrutissante mais qui assurait la cohésion de la société, et l'apparition d'un monde en réseau où s'évaporent les solidarités anciennes. Chaque fois, sa conclusion est une ouverture magistrale condamnant le lecteur à attendre l'opus suivant pour en connaître le développement.

Le dernier ouvrage, *Homo numericus*, sorti en septembre 2022, ouvre une réflexion vertigineuse sur l'évolution de nos sociétés numériques où les services même les plus intimes, comme les relations sentimentales, s'industrialisent dans un monde sans tête, de plus en plus dépourvu de hiérarchies et de religions. Avec quelles conséquences ? Comme son idole Roger Federer, Daniel Cohen était un styliste qui aimait surprendre son monde, lui-même au premier chef, mais dont la ligne reste limpide. Une pensée en marche dont la réinvention permanente et la générosité semblaient sans fin.

21 août 2023

Éminent économiste, Daniel Cohen était aussi un ami et un soutien fidèle de notre journal, dans lequel il a publié tant d'analyses et dont il fut membre du conseil de surveillance de 2010 à 2021. Le Monde *adresse ses plus sincères condoléances à sa famille, à ses proches et à toutes celles et tous ceux qui l'ont connu et apprécié. J. Fe.*

« L'économiste qui voulait ouvrir le monde à l'économie »

Philippe Escande, *Le Monde*

En mémoire de l'universitaire décédé cet été, ses confrères, ses amis et ses proches se sont réunis vendredi 29 septembre pour évoquer à la fois son héritage et les enseignements de son travail.

L'amphithéâtre de l'École d'économie de Paris (Paris School of Economics, PSE) était plein à craquer ce vendredi 29 septembre. Trente-deux générations d'élèves, d'amis, de frères, de proches s'étaient donné rendez-vous pour rendre hommage à la mémoire de leur professeur, ami, inspirateur, Daniel Cohen, mort le 20 août à l'âge de 70 ans.

Près de cinquante d'entre eux ont témoigné, dessinant petit à petit le portrait de celui qui les a accompagnés, et la trace que laissera dans l'histoire l'économiste français le plus connu du grand public et le plus respecté par ses pairs.

D'ailleurs, ce n'est pas tant du contenu de sa pensée qu'il fut question mais plutôt de sa méthode. Philippe Aghion, professeur au Collège de France, saluant l'humaniste et l'enseignant, s'interrogeait ainsi sur son choix de délaisser la recherche académique, où il excellait pourtant, pour se consacrer à ses livres et à ses étudiants.

Trouver sa voie

Son élève Esther Duflo, Prix Nobel d'économie en 2019 et professeure au Collège de

France et au Massachusetts Institute of Technology (MIT), a voulu défendre ce choix singulier. Écrire des livres à succès tout en maintenant le dialogue avec la recherche est à ses yeux aussi légitime que d'écrire dans des revues savantes. Pour le sociologue Pierre Rosanvallon, sa connaissance académique lui permettait de «replacer le travail des chercheurs dans une perspective générale», révélant chacun à soi-même.

Il pratiquait de même avec les étudiants : «Il ne cherchait pas à former les gens à son image en imposant ses idées et sa méthode, abonde Esther Duflo, mais à pousser chacun à trouver sa voie.» C'est pourquoi ses élèves se retrouvent partout, en finance, dans le social, le développement, la macro-économie, et lui ont apporté autant qu'il leur a donné quelles que soient leurs opinions.

À l'instar de l'économiste atterré Philippe Askenazy, l'un de ses premiers élèves, qui a grandement influencé son professeur par ses travaux sur l'évolution du travail. Il continuait le dialogue avec lui, comme avec Olivier Blanchard, l'ancien économiste du Fonds monétaire international, professeur au très libéral MIT, ou Thomas Piketty, avec qui il a créé l'École d'économie de Paris.

Vingt ans d'efforts pour rapprocher les grandes institutions de recherche en économie parisienne, celle de l'École normale, de l'École des hautes études en sciences sociales, de la Sorbonne. Son activisme, son pragmatisme et son talent de persuasion, notamment auprès des politiques, ont abouti, en 2006. «Il a fait sortir l'économie du paradigme d'une science dans les nuages pour la rapprocher des sciences sociales», ajoute Thomas Piketty.

Brillance et modestie

Professeur, influenceur, maïeuticien… La touche Cohen était un savant mélange d'humour, d'emportement, de brillance et de modestie. Avec une spécialité, la convocation de la sociologie et de l'histoire de la philosophie que l'agrégé de mathématiques interpellait en permanence. Un joueur d'échecs doublé d'un Groucho Marx (*dixit* Camille Landais), amoureux de ses filles, de Roger Federer, de Milan Kundera et de Marcel Proust, qui aimait convoquer la planète des talents au service de son interrogation sur le monde.

Pour Maya Bacache-Beauvallet, professeure à Télécom-ParisTech, sa méthode commençait par le débat, l'anecdote, le questionnement, se nourrissait d'interdisciplinarité et se posait toujours la question de l'utilité sociale.

C'est cette combinaison unique de curiosité, d'ouverture, de bienveillance, de talent littéraire et de souci de l'efficacité qui constituera sa trace la plus durable. « Daniel a passé sa vie à s'ouvrir au monde et à ouvrir le monde à l'économie », a conclu Michel Cohen, le petit frère de Daniel. Pour commencer, l'amphithéâtre de l'ENS portera désormais son nom.

2 octobre 2023

« Pour Daniel Cohen, la raison a besoin de l'action, des institutions et du débat public »

Frédéric Worms, *Le Monde*

S'il y avait un intellectuel réel, complet et vivant en France, n'hésitons pas à le dire, c'était un économiste, c'était Daniel Cohen. La raison en est simple. Il a poussé à de nouvelles limites, pour faire face aux défis du présent, ces qualités qui ont toujours défini un « intellectuel ». On l'a oublié, en effet, mais l'intellectuel est celui qui unit la reconnaissance par les pairs dans un savoir déterminé, l'inquiétude et l'engagement dans la sphère publique contre des injustices avérées, et, enfin, la capacité à parler à toutes et à tous, par son style et, si l'on ose dire, par sa personne.

Daniel Cohen possédait tout cela à un degré inouï : économiste de la plus haute et internationale science, pédagogue admirable et intervenant passionné et inquiet, dans les débats mais aussi dans les instances publiques. Il s'inquiétait parfois, après un échange : « Ma phrase a été coupée, je n'ai pas été compris, on va tout caricaturer. » Mais non, cher Daniel : chacun de tes mots respire la science, l'engagement et la clarté, chacune et chacun le sentent et le sentiront toujours, malgré toutes les caricatures qui t'entourent. Nous le rassurions, donc. Mais son inquiétude avait ses raisons, plus profondes que tel ou tel débat, et même que tel ou tel contexte (les infox ou les réseaux sociaux, par exemple), car cette inquiétude conduit peut-être au cœur de toute son action, sa pensée et son œuvre.

Daniel Cohen était économiste. Mais il avait renoncé depuis longtemps à l'optimisme trop simple des Lumières et à son raisonnement économique, qui consiste à faire confiance à la rationalité immédiate des intérêts, même quand elle est implicite ou inconsciente chez les acteurs. Il existe bien une rationalité économique ; il ne s'agit pas de la contester. On peut démontrer par exemple les effets nocifs et dangereux des inégalités extrêmes.

Mais elle n'aura pas pour autant d'effet immédiat ou automatique, par une sorte d'action implicite ou inconsciente, comme le croient encore tant de savants et de gouvernants. Toutes les catastrophes depuis deux siècles le démontrent. Ce n'est pas une raison pour renoncer à la raison ! Bien au contraire, mais il faudra l'énoncer, l'expliquer et l'expliciter publiquement, sans naïveté quant à son effet immédiat, et sans jamais renoncer à son effet possible.

Un modèle et une référence

Au fond, c'était peut-être cela, le cœur de l'action publique de Daniel Cohen, construire une raison publique dans la conscience de la déraison possible : sans naïveté (insistons) à l'égard d'une raison économique qui gouvernerait à leur insu les acteurs sociaux, mais sans y renoncer pour autant. Car pour l'économiste, nous semble-t-il, on ne pouvait pas être rationnel ou juste sans le savoir, et donc ce dernier n'y suffit pas : encore faut-il, pour chacun et dans l'ensemble d'une société, défendre et construire la dimension publique de ce savoir.

D'où suit la grande invention de Daniel Cohen, c'est-à-dire un nouveau modèle d'intellectuel qui consiste à relier le savoir (ici économique) le plus strict et trois types d'actions publiques inséparables chez lui : l'éclairage public des citoyens, l'éclairage scientifique des politiques publiques et, enfin, la défense d'une politique publique de la science et de la recherche. En économie comme ailleurs, l'École normale supérieure a été pour lui un milieu et un modèle, et il restera pour elle un modèle et une référence.

Comment comprendre autrement le lien entre son génie du débat public, sa participation à tant de conseils et d'instituts scientifiques ? Il a créé le département d'économie de l'École normale supérieure, a été l'un des membres fondateurs de l'École d'économie de Paris (d'ailleurs inséparables dans le même bâtiment du campus Jourdan qui lui doit tant et où il manquera tant) et a dirigé le Centre pour la recherche économique et ses applications.

Interventions institutionnelles

Oui, c'était cela, Daniel Cohen, et dans son action et dans sa pensée : dans ses articles techniques, ses livres ou ses interventions institutionnelles (un nouveau département ou master, une école d'économie, un programme novateur de recherche, etc.) rien ne l'intéressait plus qu'un article scientifique qui démontrerait une corrélation d'intérêt général (entre mille, il citait souvent celui qui reliait l'isolement social et le vote d'extrême droite) : mais encore fallait-il convaincre publiquement de ce lien avéré scientifiquement. Il savait donc que rien n'est jamais gagné mais que tout n'est pas toujours perdu.

La raison n'a pas disparu, mais elle a besoin de l'action, des institutions et du débat public. Tout cela est inséparable plus que jamais : il avait raison de défendre les institutions publiques de recherche et d'enseignement (et combien de ses élèves le remercient, à l'École normale supérieure en particulier), tout comme la diffusion publique du savoir. Nous devons continuer ce double travail, sans oublier bien sûr ce lien qui lui était cher et essentiel, avec les politiques publiques elles-mêmes nationales et internationales que nous allons bientôt relancer dans des programmes qu'il avait soutenus jusqu'au bout, et pour lesquels sa conversation, son savoir et son action manqueront, mais inspireront.

Cette unité publique de la raison sous toutes ses formes a besoin des vivants, inquiets, conscients du meilleur mais aussi du pire possible. Elle a besoin de l'intellectuel le plus vivant, tout en étant le plus savant et le plus lucide, elle a besoin de Daniel Cohen. Que, vivant, il ne le soit plus, c'est, pour nous, inimaginable. Mais vous imaginez bien qu'il le restera pour nous et dans notre action, et j'emploie le pluriel non pas de majesté mais de ces collectifs bien réels que nous partagions et partageons encore, car ce sera au sein des institutions, des actions et de la raison publique, qu'il incarnait vitalement, que nous lui devons de poursuivre.

21 août 2023

« Grâce à Daniel Cohen, un petit problème d'économie devenait toujours une grande question de société »

Camille Landais, *Le Monde*

Il est difficile d'imaginer le vide que laisse le décès brutal de Daniel Cohen. Parce qu'il est tout aussi difficile d'exagérer l'influence que ce passeur génial a eue sur tant de générations d'économistes français. Comme chercheur évidemment, comme pédagogue et comme intellectuel surtout, mais aussi comme créateur et animateur infatigable d'institutions pour la recherche en sciences sociales en France et en Europe. Le succès d'une certaine école, d'une *maniera* française de faire de l'économie lui doit immensément.

Nous sommes nombreux à devoir à Daniel Cohen d'être devenus économistes, et j'aimerais retracer brièvement la chance incroyable qui nous a été donnée de pouvoir l'avoir comme maître. Pour cela, il faut commencer par cette scène que, je le sais, beaucoup d'autres ont vécue, sous une forme ou une autre. Pour moi, c'était le premier séminaire d'économie à l'École normale supérieure. Il faut imaginer les ados que nous étions, vaguement insolents dans leurs prétentions intellectuelles mais franchement incultes, pas trop sûrs de ce que nous voulions faire dans la vie, cinq ou six, pas plus, entrer dans cette petite salle où nous attendait Daniel Cohen.

Et là, le show peut commencer : deux mille ans de développement économique racontés en trente minutes, deux cents ans d'histoire des théories économiques dans les trente minutes qui suivent. Ça convoque Malthus, Schumpeter ou Robert Lucas, mais aussi Jankélévitch, Koyré et Proust ! Les mains s'agitent, le débit de mitraillette, la voix qui part dans les aigus. L'esprit et le corps sautent comme un cabri, d'une idée à l'autre, de la chaise au tableau, pour y dériver trois équations, tout est là, intuition géniale. Ça va vite, très vite. Mais tout paraît limpide, et nouveau. Original et rigoureux. Le monde soudain se densifie. L'économie, science lugubre dont nous ne connaissions alors que les modèles sortis de manuels arides, soudainement prenait chair. Et ce style ! Car Daniel Cohen avait vraiment un intellect d'une classe folle. Un vrai panache. C'était réjouissant, enthousiasmant. Sans le savoir, vous veniez de toper avec Charon, vous étiez déjà passé sur l'autre rive : impossible de ne pas vouloir poursuivre avec lui cette quête du gai savoir !

Un humanisme radical

Par son intelligence et sa culture, par ses talents inégalés de pédagogue, Daniel Cohen nous inspirait une incroyable admiration et une grande déférence. Mais cela sans aucun des atours du potentat académique. Car il était attachant, accessible, et drôle. Je ne trahis personne en disant que nous nous sommes tous beaucoup amusés à l'imiter. Daniel rayonnait par sa bienveillance : il nous a accueillis, dans un vrai compagnonnage. Car ce qu'il transmettait, ce n'était pas sa *Weltanschauung* (conception du monde), mais une certaine idée du savoir.

À la base de sa conception du savoir, trois ingrédients. Une curiosité intellectuelle sans bornes, qui faisait éclater les cadres classiques de l'économie pour s'abreuver à toutes les sources. Une exigence d'excellence : il fallait que l'esprit pense vite et bien, aller à l'intuition la plus limpide, pas de patience pour le banal ou le médiocre. Et, surtout, un humanisme radical. Ce qui voulait dire, pour lui, que l'économie ne pouvait évidemment pas être une science désincarnée de la rationalité de l'*Homo economicus*.

Mais ce qui impliquait aussi que le savoir devait être une pratique. On ne pouvait pas se poser la question de la dette des pays en développement sans s'impliquer directement dans leur renégociation. En ce sens, il a forgé un modèle d'intellectuel engagé, complet, pour qui l'économie est avant toute chose « politique ». C'était un vrai homme de gauche, passionnément, viscéralement de gauche. Mais libre, toujours guidé par sa curiosité, avide de débattre, désireux d'expliquer, inlassable vulgarisateur.

Se focaliser sur les questions

Pour ses élèves que nous étions, ce modèle qu'il nous a offert a eu, je crois, pour effet de nous donner confiance en nous. Il nous a appris à ne pas se plier aux canons académiques de la discipline. Qu'on pouvait faire de l'économie autrement : écrire des livres, participer au débat, ne pas se laisser enfermer dans les modèles, ne pas se laisser intimider par la technique, ne pas se laisser engoncer dans le carcan d'une seule méthode, mais, au contraire, se focaliser sur les questions, se laisser guider par un esprit curieux et inquisiteur. Grâce à lui, un petit problème d'économie devenait toujours une grande question de société.

C'est ainsi qu'il a « fait école ». Mais il a aussi fait école dans un sens beaucoup plus littéral, en fondant le département d'économie de l'ENS, puis en créant, avec Thomas Piketty, l'École d'économie de Paris en 2006, qui regroupe aujourd'hui plus de cent cinquante chercheurs et pointe parmi les cinq meilleurs centres internationaux de recherche en économie. Sans relâche, il a œuvré à faire vivre les institutions qui rendaient possibles la genèse de ce gai savoir et la pratique de cet humanisme. Directeur au Center for Economic and Policy Research, directeur du Centre pour la recherche économique et ses applications, mais aussi en tant que membre, dès sa création, du Conseil d'analyse économique, il a animé tout un écosystème et mis son intelligence brillante au service du débat public.

Aux États-Unis ou ailleurs, c'est ce modèle-là, qu'il nous avait directement inspiré, que beaucoup d'entre nous ont tenté de porter. Je sais sa fierté de voir ses anciens élèves prendre leur essor, essaimer, prendre part aux nouveaux débats intellectuels en France et à l'étranger. J'espère que cette certaine idée de l'économie qu'il a portée lui survivra longtemps.

23 août 2023

« L'économiste Daniel Cohen s'est éteint ce dimanche »

Amélie Ruhlmann, *Le Figaro*

Daniel Cohen aura été l'un des économistes les plus marquants de sa génération. Âgé de 70 ans et gravement malade depuis plusieurs mois, il s'est éteint ce dimanche 20 août à Paris, selon son éditeur Albin Michel, confirmant une information du journal *Le Monde*. Spécialiste de la dette souveraine, il était professeur à l'École normale supérieure et à l'École d'économie de Paris, institution qu'il présidait depuis 2021.

Une carrière d'économiste prolifique

Ancien élève de la rue d'Ulm, Daniel Cohen s'est fait connaître par son ouvrage *Richesse du monde, pauvretés des nations,* publié en 1997. Il y décrit la montée des inégalités, exacerbée par ce qu'il nomme les « appariements sélectifs ». Par la suite, tout au long des années 2000, il s'est intéressé aux mutations de la société post-industrielle, que ce soit dans le domaine du travail (*Nos temps modernes*) ou des échanges internationaux (*La Mondialisation et ses ennemis*).

Ses ouvrages suivants – *Trois leçons sur la société post-industrielle* et *La Prospérité du vice. Une introduction (inquiète) à l'économie* – s'apparentent à des fresques historiques décrivant la transformation du capitalisme, de sa naissance à nos jours. Dans son dernier essai publié, *Homo economicus,* il proposait une réflexion sur le paradoxe d'Easterlin, selon lequel l'augmentation du produit intérieur brut par habitant ne se traduit pas nécessairement par une hausse du niveau de bonheur individuel.

Spécialiste de la dette souveraine

En parallèle de son travail universitaire, Daniel Cohen a été conseiller à la banque Lazard. À ce titre, il a aidé plusieurs hommes d'État (le premier ministre grec Giórgos Papandréou, le président équatorien Rafael Correa…) à renégocier la dette de leurs pays. Son expertise l'a également amené à participer, en partenariat avec la Banque mondiale, à l'« Initiative pays pauvres très endettés » (initiative PPTE).

Daniel Cohen s'est également fait un nom dans le secteur des médias, en devenant chroniqueur à *L'Obs* et éditorialiste au *Monde*, quotidien dont il aura été, jusqu'à sa mort, membre du conseil de surveillance.

Économiste engagé, il a fait plusieurs incursions dans le monde politique, en rejoignant, en juillet 2011, l'équipe de campagne de Martine Aubry pour l'élection présidentielle de 2012, puis en soutenant, lors de l'élection présidentielle de 2017, le candidat socialiste Benoît Hamon.

Sa mort a suscité de très nombreuses réactions dans le monde politique et économique.

20 août 2023

« Un économiste dans la cité »

Anne de Guigné et Louise Darbon, *Le Figaro*

Disparu à 70 ans, cet esprit brillant a contribué à hisser la France au premier rang de la recherche économique tout en partageant avec passion son savoir avec ses étudiants et nombreux lecteurs.

Il incarnait « un des esprits les plus vifs, passeur de savoir hors pair, enseignant et chercheur passionné », salue Jean Tirole, Prix Nobel d'économie, président honoraire de la Toulouse School of Economics. C'est l'un des nombreux hommages adressés à Daniel Cohen, économiste français de renom et pédagogue hors pair, qui s'est éteint dimanche 20 août.

Professeur une trentaine d'années durant à l'École normale supérieure dont il a dirigé le département d'économie, il fut aussi l'un des membres fondateurs de la très reconnue École d'économie de Paris, qu'il présidait depuis 2021. Entré rue d'Ulm en 1973, Daniel Cohen y étudie d'abord les mathématiques, obtenant son agrégation avant de s'orienter vers la science économique. Frédéric Worms, le directeur de l'ENS, se souvient avec émotion : « Il avait le don d'expliquer à toutes et à tous, au-delà de l'École, et dans la société, le meilleur des mondes possibles, et pas seulement en économie. Ce qui veut dire aussi qu'il s'inquiétait du pire, qu'il savait possible. Mais il mettait tout en œuvre pour le meilleur. »

Rare don de pédagogie

Daniel Cohen a largement contribué à la réputation d'excellence des économistes français, imprimant sa patte sur toute une génération : celle d'une excellente maîtrise des mathématiques certes, mais dont on estime qu'il faut décomplexer l'usage, considérant la discipline avant tout comme un instrument d'analyse politique. Preuve de l'influence des leçons de ce petit homme rapide et courtois, parmi les dix derniers lauréats du prix du Meilleur jeune économiste, créé par le Cercle des économistes et *Le Monde*, huit, aujourd'hui professeurs dans les meilleures universités mondiales, ont été ses élèves.

Les cours de Daniel Cohen ? «Flamboyants», «pleins d'humour», mêlant les sujets de la vie quotidienne au cinéma, à la littérature ou à la mythologie… «Sans lui, je n'aurais pas fait d'économie, témoigne Antoine Bozio, professeur à la PSE et directeur de l'Institut des politiques publiques. Il a un rare don de pédagogie, la capacité de rendre tout à coup compréhensible ce qui semblait obscur.» Augustin Landier, professeur à HEC, abonde : «C'est quelqu'un de très généreux, qui aime connecter des milieux différents. Il a beaucoup aiguillé chacun de ses étudiants.» Des qualités reconnues par Thomas Piketty, professeur à la PSE, qui lui rendait hommage ce lundi sur France Inter : «C'est quelqu'un qui est d'abord un pédagogue incroyable (…) qui a aidé beaucoup d'entre nous à sortir d'une sorte d'académisme de l'économie.»

Ainsi, plus qu'une école de pensée uniforme, ce rocardien pragmatique a su créer une véritable filière d'excellence. Lui-même professeur invité à Harvard dans les années 1980, il a incité ses élèves à se lancer dans la compétition internationale de la recherche et à sortir des bibliothèques pour s'intéresser à la réalité de l'économie. «Progressivement, nous avons réussi à attirer vers l'économie des dizaines de jeunes gens qui se seraient sinon tournés vers les mathématiques ou la philosophie, se félicitait leur mentor. Ils ont été sensibles à la promesse que cette science leur donnerait des instruments pour comprendre le monde. »

Les convictions à l'épreuve du terrain

C'est l'économiste Jeffrey Sachs, rencontré aux États-Unis, qui avait convaincu le double agrégé en mathématiques et économie de la nécessité d'appliquer sur le terrain ses convictions. Au début des années 1980, les deux hommes conseillent des pays en développement surendettés. De retour à Paris, Daniel Cohen exporte cette approche clinique de l'économie dans l'Hexagone. Après ses étudiants, ce sont les Français qui découvrent ce spécialiste des dettes souveraines par ses essais comme *La Prospérité du vice* (2009) ou *Homo economicus* (2012), vendus à plus de 100 000 exemplaires. L'économiste conseillait aussi depuis 2004 la banque Lazard sur les dossiers de restructuration de dettes publiques.

Jusqu'à la fin, Daniel Cohen cultive avec brio une forme d'hédonisme intellectuel, publiant des essais au rythme de ses curiosités, accordant interviews et conférences, et partageant aussi ses avis sur les réformes engagées. Ainsi, dès 2020, il fait valoir ses réserves sur la réforme des retraites, réticent notamment à l'introduction d'une mesure d'âge. Par ces interventions et publications, Daniel Cohen s'était éloigné de la pure recherche universitaire. « Ma vie a un peu changé de direction à cause de mes élèves. En pensant à eux, je me suis mis à écrire des livres, disait-il. Au début de ma carrière d'enseignement, j'abordais essentiellement l'économie par la formalisation mathématique (…). Un jour, une élève m'a demandé ce que cela donnait en langage vernaculaire. Cela a été un déclic. »

Le ministre de l'Économie, Bruno Le Maire, perd « une voix et un ami » avec la mort de cet « immense économiste (…) défricheur d'idées nouvelles » qui fut « un précieux conseil pendant la crise du Covid ».

Le président de la République, Emmanuel Macron, s'est affligé de la perte d'« un grand intellectuel, un économiste qui fit rayonner notre recherche française, un humaniste sincère ».

22 août 2023

« Un économiste dans la cité »

Anne-Sophie Lechevallier, *Libération*

Admiré par ses étudiants, soucieux d'intervenir dans le débat public pour mieux l'éclairer, ce spécialiste des dettes souveraines est aussi le cofondateur de l'École d'économie de Paris. Engagé à gauche, il était apprécié de tous.

Si, à 20 ans, Daniel Cohen choisit d'étudier l'économie, en plus des mathématiques, quand il intègre l'École normale supérieure, c'est pour mieux saisir le monde. C'est l'année 1973, celle de la guerre du Kippour et du premier choc pétrolier, celle où Augusto Pinochet prend le pouvoir au Chili… Il sera finalement agrégé des deux disciplines et docteur en économie. Pendant toute sa carrière d'économiste, qui le mènera un temps à Harvard aux États-Unis, il se servira de cette science, et des autres, pour répondre à des problèmes concrets, confrontant sans cesse la théorie et les modèles au réel et au terrain. À commencer par l'un de ses premiers thèmes d'études, les dettes souveraines. Ce sujet le conduira à travailler sur la crise mexicaine dans les années 1980, à aider plusieurs États à renégocier leurs créances, à conseiller les Nations unies, la Banque mondiale, ou encore la banque d'affaires Lazard, notamment sur la crise de la dette grecque des années 2010.

Le grand nombre des réactions qui ont suivi l'annonce de la mort du président et artisan de la Paris School of Economics, de la part de ses pairs, des hommes et des femmes politiques, des hauts fonctionnaires, de la Première ministre («sa vision de l'économie française et des grandes révolutions notamment numérique manqueront au débat public», a considéré Elisabeth Borne sur X (anciennement Twitter), ou du président de la République («nous perdons un grand intellectuel, un économiste qui fit rayonner notre recherche française, un humaniste sincère», a salué Emmanuel Macron sur le même réseau social), est à la mesure de l'engagement dans la vie de la cité de cet intellectuel.

Daniel Cohen était de ces professeurs qui participent à tracer la trajectoire du reste de la vie de leurs élèves. Ils seraient nombreux parmi les anciens élèves de l'ENS à avoir suivi une autre carrière s'ils n'avaient pas assisté à ses cours boulevard Jourdan à Paris dans le département d'économie qu'il avait créé. Il est pour beaucoup dans le rayonnement des générations d'économistes français, dont la Prix Nobel Esther Duflo, qui lui rendent hommage depuis qu'ils ont appris sa mort, à l'âge de 70 ans, le dimanche 20 août.

Une « quête intellectuelle permanente »

«Vous rentriez dans cette petite classe, à cinq ou six élèves seulement, et c'était le show Daniel, se souvient Camille Landais, aujourd'hui professeur à la London School of Economics (LSE) et président du Conseil d'analyse économique. Cela partait dans tous les sens, il bougeait les bras et avec sa voix qui partait dans les aigus, il retraçait toute l'histoire de la pensée économique, convoquant aussi bien la philosophie et l'histoire avec une maîtrise complète des concepts et des théories économiques. Il avait une grande classe intellectuelle, il était charmant, envoûtant, avec une approche originale, pas du tout rébarbative. Il nous a donné l'idée que nous pouvions continuer avec une certaine originalité.» Sans cette rencontre, Antoine Bozio, maître de conférences à l'École des hautes études en sciences sociales et chercheur à PSE, aurait sans doute choisi une autre voie : «Jeune normalien, je me demandais en quoi cela pouvait être utile à la société de faire de l'économie. Il était tellement convaincant, avec une intelligence folle et un tel enthousiasme. Je me souviens d'un jour où il nous a expliqué en une heure l'effet revenu et l'effet substitution que nous n'avions pas compris. Il ne faisait pas cours de manière mécanique, il savait s'extraire de la technique pour faire comprendre l'intuition.» Le directeur de l'Institut des politiques publiques qui n'avait cessé de travailler avec lui ne se lassait pas de leurs discussions, dont chacun avait l'impression de ressortir plus intelligent.

«À cause de ce brio, de sa quête intellectuelle permanente, il n'avait pas envie de se mouler dans le carcan de la carrière académique classique. Il était passionné de la chose publique», remarque Camille Landais. «Ce n'était pas la science économique pour la science qui l'intéressait, mais à quoi cela servait pour parler aux citoyens», complète Antoine Bozio. Plutôt que de s'enfermer dans un sujet, il intervenait dans le débat pour l'éclairer. En publiant de nombreux livres, qui ont revisité l'histoire du capitalisme, traité des inégalités, de la mondialisation et ces dernières années de la révolution numérique – il appelait d'ailleurs les corps sociaux, les savants, les syndicats, les enseignants à «reprendre la main sur leurs destins face au capitalisme numérique»... En intervenant dans les médias, en écrivant des chroniques dans les journaux, à *Libération* de 1995 à 2000, puis au *Monde* (dont il a été membre du conseil de surveillance pendant onze ans jusqu'en 2021) et à *L'Obs*. Ou en participant à des commissions, comme il y a deux ans celle animée par les économistes Olivier Blanchard et Jean Tirole sur les grands défis économiques, «dont il fut l'un des membres les plus actifs et à laquelle il fit des contributions remarquées», signale le second dans un texte qui loue «sa personnalité chaleureuse et son pragmatisme en faisant un personnage attachant».

Apprécié par tous, mais engagé à gauche, il a soutenu Martine Aubry, puis François Hollande en 2012. Rallié à l'idée d'un revenu universel, il a défendu Benoît Hamon en 2017. Il a également présidé pendant plus de quinze ans le conseil d'orientation scientifique de la Fondation Jean-Jaurès. Sans se laisser inféoder. «Il défendait ses idées, mais il n'était pas sectaire et aimait la confrontation des arguments, témoigne Antoine Bozio. C'était un homme libre avec ses propres convictions, avec une position indépendante, intransigeant sur les grands principes fondamentaux.» Lui qui disait, dans *Libé* en 2018, voir dans «les promesses non tenues de la société postindustrielle [à la fois par la gauche et par la droite, ndlr] la cause du déferlement de la vague populiste actuelle» avait le don, écrit le directeur de l'ENS, Frédéric Worms, d'expliquer à toutes et à tous (…) le meilleur des mondes possibles (…). Ce qui veut dire aussi qu'il s'inquiétait du pire, qu'il savait possible».

21 août 2023

« Un monde se clôt »

Julia Cagé, *Libération*

I'm Your Man. Combien sommes-nous à être entrés, perdus, dans le bureau de Daniel Cohen, atterrés à l'idée de ne savoir que faire de nos 20 ans, et à en être ressortis les yeux pleins d'étoiles, armés des sciences sociales et surtout d'un mentor qui ne nous ferait jamais défaut ?

Daniel était un passeur d'idées – et d'enthousiasme. Il a formé et amené aux sciences économiques et sociales des générations entières d'étudiants (Philippe Askenazy, Maya Bacache, Esther Duflo, Pascaline Dupas, Camille Landais, Gabriel Zucman, etc., pour n'en citer que quelques-uns). Pédagogue hors pair, son enseignement fascinait, qu'il s'agisse d'une simple introduction à l'économie ou de systèmes d'équations beaucoup plus complexes qui font le délice des macroéconomistes. Sous sa plume – et grâce à son énergie contagieuse – le bonheur de comprendre l'emportait. Pour Daniel, l'économie n'avait rien de théorique ; fondamentalement, elle était politique. Un moyen, parmi d'autres, d'éclairer les transformations du monde contemporain.

Lecteur infatigable

Prophète non égaré de nos temps modernes, et vulgarisateur hors pair, il a ainsi de l'un à l'autre de ses multiples livres su mettre à jour les limites du capitalisme contemporain, dénonçant – intellectuel engagé – l'explosion des inégalités entre nations comme à l'intérieur des pays riches. Dans son dernier livre, *Homo numericus. La « civilisation » qui vient*, il révélait ainsi sans ambages les dérives de la civilisation contemporaine, dévoilant les détournements d'une révolution numérique enfermant chaque jour un peu plus les individus dans des comportements contradictoires, imposés à eux par des algorithmes à vocation marchande. Une critique du capitalisme que l'on retrouvait déjà dans ses premiers ouvrages – dénonçant à l'époque les limites de la chaîne de montage avant d'aborder, parmi beaucoup d'autres, le débat sur la fin du travail –, ainsi que tout au long de ses explorations successives de la société postindustrielle (*Trois leçons sur la société post-industrielle*). Une œuvre cependant également optimiste car, si ces derniers ouvrages interrogeaient aussi la question du bonheur – *La Prospérité du vice. Une introduction (inquiète) à l'économie* –, Daniel ne manquait jamais de rappeler que chaque révolution pouvait également être une formidable opportunité. La révolution numérique ne faisant pas ici exception.

Lecteur infatigable, chacun de ses ouvrages représentait également une mine infinie d'informations, nourri du cinéma et de la fiction – il n'hésitait ainsi pas à introduire *Homo numericus*… par une référence à la série *Black Mirror* – comme des sciences humaines et sociales et des travaux d'anthropologues (Gordon Childe, Claude Lévi-Strauss, Germaine Tillion), d'archéologues (Jacques Cauvin) ou de nombreux historiens (Paul Bairoch, Aldo Schiavone, etc.), qu'il avait un talent hors norme pour articuler. Et des travaux de ses contemporains qu'il n'oubliait jamais de valoriser. Homme de gauche aux engagements assumés, au cours des dernières années, il s'était également interrogé sur l'apparition de nouveaux clivages politiques, inquiet de la montée des populismes et du désenchantement démocratique – voir *Les Origines du populisme. Enquête sur un schisme politique et social.* Et ne manquant jamais de prendre part au débat public, qu'il s'agisse de dénoncer la suppression de l'impôt sur la fortune ou l'injustice de la réforme des retraites.

Un homme d'exception

Macro-économiste réputé, ayant étudié en France où il enseigna tout au long de sa carrière (comme chargé de recherche au CNRS, puis à l'université de Nancy avant de rejoindre l'École normale supérieure où il cofonda l'École d'économie de Paris) tout en nourrissant ses réflexions de longs séjours aux États-Unis (Harvard, MIT), il a par ailleurs construit son parcours académique autour de ses travaux sur les crises de la dette souveraine, notamment en Amérique latine où, économiste tout à la fois pratique et savant – pour reprendre le titre de l'un de ses cours qui fit le bonheur de tant d'étudiants –, il s'est porté au chevet de nombreux gouvernements. Avant de s'intéresser au cours des dernières années à la crise grecque et aux nécessaires réformes de l'union monétaire européenne.

Grand professeur, infatigable passeur d'idées, Daniel était aussi un homme d'exception, un « gentleman » à l'image de Roger Federer, le tennisman qui le fascinait tant. Amoureux de Leonard Cohen, il savait comme lui ciseler les mots, talent que l'on retrouve dans les titres de chacun de ses ouvrages dans lesquels il ne manquait jamais de rendre hommage à l'autre de ses passions : Bob Dylan. *Times, They Are A-Changin.* Il faut dire que Daniel nous permettait de mieux comprendre ces nombreux bouleversements.

To a teacher : merci pour tout, Professeur.

21 août 2023

« Le célèbre économiste Daniel Cohen est mort »

Mathilde Golla, *Les Échos*

Né à Tunis en 1953, le professeur de l'École normale supérieure était très respecté des milieux académiques, politiques et économiques. Lauréat du prix du Livre d'économie en 2000 pour son ouvrage *Nos temps modernes* (Flammarion, 2000) et en 2012 pour *Homo economicus, prophète (égaré) des temps nouveaux* (Albin Michel, 2012). Il rompt avec la théorie de l'*Homo œconomicus* – qui considère que l'humain agit de manière parfaitement rationnelle –, pour privilégier une approche pluridisciplinaire et anthropologique de l'économie. À ses yeux et à ceux de ses disciples, toutes les sciences sociales devaient aider à appréhender le comportement humain.

Auteur de nombreux livres, il avait récemment publié *Homo numericus. La « civilisation » qui vient*, l'un des événements de l'édition « non-fiction » l'an passé. Dans cet ouvrage, qui restera comme une sorte de testament intellectuel, le membre fondateur de l'École d'économie de Paris y racontait comment la révolution numérique a bouleversé nos vies, pour le meilleur ou pour le pire. Il y dénonçait aussi l'appauvrissement de l'ouvrier blanc ou le capitalisme de surveillance qui en sont des corollaires, et montrait qu'il pouvait exister une voie permettant de réaliser l'utopie qu'elle portait en germe.

Spécialiste de la dette souveraine

Il était aussi spécialiste de la dette souveraine. En novembre dernier, dans les colonnes des *Échos*, il considérait que la France n'investit pas suffisamment dans son industrie. À ses yeux, « la désindustrialisation est un risque lent ». Selon lui, « la guerre en Ukraine renforce l'impératif de souveraineté industrielle et va accélérer le mouvement car la question stratégique devient fondamentale ».

Très présent dans les médias, l'économiste était l'un des invités réguliers de l'émission du dimanche « L'Esprit public » de Patrick Cohen sur France Culture. Il a également été membre du conseil de surveillance du journal *Le Monde* de 2010 à 2021, où il avait publié de nombreuses analyses, mais aussi chroniqueur à *L'Obs*. De nombreux journalistes ont ainsi salué la mémoire « d'un des économistes français les plus respectés ».

21 août 2023

« École d'économie de Paris : la vie sans Daniel Cohen »

Elsa Freyssenet et Isabelle Couet, *Les Échos*

En dix-sept ans d'existence, la Paris School of Economics, qui vient de perdre son président et fondateur, Daniel Cohen, s'est hissée au sommet mondial. Gabriel Zucman et Olivier Blanchard la rejoignent, Esther Duflo y songe… mais l'école court toujours après l'argent.

Au cimetière de Pantin, écrasé par la chaleur d'août, un ministre rend hommage à son ancien professeur d'économie à Normale sup. Devant la famille et les amis de Daniel Cohen, Bruno Le Maire se souvient de leur goût commun pour Proust : « Daniel est le seul économiste à avoir comparé la croissance disparue des années 1980 à Albertine disparue. » Chez le ministre-écrivain, c'est à la fois un gage de bon goût et de talent.

Mais c'est un autre souvenir qui a marqué les témoins de ces obsèques. Celui d'un engagement pris par l'économiste en 2005. Il était venu à Matignon réclamer 20 millions d'euros à celui qui était alors le directeur de cabinet de Dominique de Villepin. Il voulait créer une école d'économie à Paris capable de rivaliser avec les universités anglo-saxonnes, une *graduate school* articulant recherche académique et formation de haut niveau : « Si l'État nous aide, on deviendra une des meilleures écoles d'économie du monde, qui, en plus, critiquera la politique de droite de ton gouvernement », avait promis Daniel Cohen à son ancien élève. L'État a dit banco. Et dix-huit ans plus tard, au moment de dire adieu à l'économiste, Bruno Le Maire conclut : « Daniel a tenu ses deux engagements. » Sourires dans l'assistance.

La Paris School of Economics, dont Daniel Cohen était le président en exercice, est, certes, une institution méconnue du grand public, mais elle est dotée d'une solide réputation académique internationale. Et ses chercheurs les plus en vue sont, pour le moment, davantage marqués à gauche qu'à droite. « Je suis venu à PSE en raison de Thomas Piketty », confesse Naman, une étudiante indienne, diplômée de la faculté de Delhi. Ce vendredi 1er septembre, un flot de jeunes gens pénètre au 48, boulevard Jourdan, paquebot de verre, bois et métal, inauguré en février 2017 par le président François Hollande. Les étudiants du master d'analyse et politique économiques font leur rentrée à PSE, 86 sélectionnés parmi 600 candidats.

Vingt-cinq nationalités vont se côtoyer pendant cette année de M1, mais les Français restent majoritaires. « Vous devez parler anglais tout le temps, y compris à la cafétéria », leur intime Bernard Caillaud, l'un des deux directeurs du programme. Un sondage réalisé par la précédente promotion a fait l'effet d'une bombe : certains étudiants étrangers se sentaient exclus. L'école veut y remédier, car « c'est très ennuyeux » pour sa réputation. Les deux enseignants ne s'embarrassent pas de discours sur le thème « vous êtes l'élite de l'élite ». Les slides défilent. Micro-économie, macro-économie, économétrie constitueront les trois piliers de la première année. Une kyrielle d'options compléteront le programme. « Le M1 est une année ardue et frustrante, avec beaucoup de cours, de devoirs, des examens et des notes à la française… c'est-à-dire pas réjouissantes, prévient Jean-Philippe Tropeano. Mais vous acquerrez les meilleures bases qui soient. » Les étudiants savent que des moments de découragement jalonneront l'année. C'est le prix de l'excellence.

Londres en ligne de mire

En 2005, les deux fondateurs de la Paris School of Economics, Daniel Cohen et Thomas Piketty, avaient en ligne de mire la London School of Economics (LSE), plus influente que les centres de recherche tricolores. Ils avaient calculé qu'en rassemblant sous un même label les économistes de Normale sup, de l'École des hautes études en sciences sociales, de l'école des Ponts, de l'université Paris-I, du CNRS et de l'Inrae, la somme de leurs publications hisserait enfin la France dans le très sélectif classement international RePEc. Calcul gagnant.

Aujourd'hui, PSE arrive à la 6e place devant Stanford (7e), Yale (12e) et… la London School of Economics (20e). L'École d'économie de Paris est la meilleure d'Europe, juste devant une autre française, la Toulouse School of Economics, classée 8e, où officie le Prix Nobel Jean Tirole.

La mécanique du rassemblement a créé une dynamique. Et l'École a conçu de toutes pièces, en 2012, l'institut des politiques publiques, un organisme d'évaluation, à coups de big data, dont les études sont redoutées jusqu'au sommet de l'État. Seul regret : ne pas avoir les crédits nécessaires pour mener plus loin l'investigation. «J'aimerais parvenir à ce que nos études animent le débat sans que l'on puisse attaquer notre méthodologie. Comme pour l'Institute for Fiscal Studies au Royaume-Uni», fait valoir son directeur Antoine Bozio. Une manière de donner corps à l'autre ambition des fondateurs : peser sur les décideurs.

La *success story* ne s'arrête pas là. En 2024, la PSE comptera trois chercheurs maison dans le top 100 des économistes le plus influents de la planète sur les dix dernières années : Thomas Piketty (24e) est rejoint par le champion de la fiscalité Gabriel Zucman (25e), «la» recrue de l'année pour PSE, même s'il n'est qu'en disponibilité de l'université de Berkeley.

Le spécialiste des inégalités et le défenseur de l'impôt sur la fortune – qui a inspiré les démocrates américains Elizabeth Warren et Bernie Sanders – côtoieront, à partir de janvier, l'ancien chef économiste du FMI Olivier Blanchard (39e au top 100). Un modéré au regard de ses cadets. « PSE ne veut pas être marquée idéologiquement », lâche le directeur de l'école, Jean-Olivier Hairault. Affaire de crédibilité.

Malgré ces belles prises, l'homme évite de fanfaronner. « L'objectif initial a été rempli », constate-t-il, avant d'ajouter promptement « mais notre situation reste fragile ». En cause, la capacité de l'école à recruter davantage de stars internationales et à les garder.

Chaque embauche nécessite des acrobaties institutionnelles et budgétaires. Gabriel Zucman est très loin d'égaler les 250 000 dollars qu'il gagnait à Berkeley, même s'il cumule un emploi public à Normale sup, un complément de salaire de PSE et une bourse de recherche personnelle attribuée par le Conseil européen de la recherche. « Pour revenir en France, il faut une motivation personnelle et académique », dit-il.

Motivation personnelle, choix académique : cela fait un moment qu'Esther Duflo soupèse les deux termes de l'équation. Encore enseignante au MIT, à côté de Boston, mais également professeure au Collège de France, la lauréate du prix Nobel d'économie effectue de plus en plus souvent des séjours à Paris où elle vient de passer l'été. À peine partie, elle sera de retour pour la journée d'hommage à Daniel Cohen du 29 septembre, puis encore en décembre, cette fois pour plusieurs mois.

Speed dating

Quid d'une installation définitive à Paris ? Elle est tentée, mais ce genre de décision « se prend en famille », confie-t-elle aux *Échos*. Avec son co-prix Nobel et époux Abhijit Banerjee, qui devrait alors trouver un poste en France, avec leurs deux enfants de 9 et 11 ans qui n'ont jamais vécu ici.

« On se tient prêt », assure-t-on à PSE, alors qu'une embauche au CNRS a récemment tourné court.

C'est le côté baroque de la structure de PSE. Les chercheurs titulaires sont salariés par les six établissements fondateurs, l'école se contentant de leur allouer un complément de salaire. Le plus souvent autour de 20 000 euros bruts annuels. Plus rarement jusqu'à 40 000 euros, et davantage encore dans des cas exceptionnels. Un avantage financier certain pour PSE, mais un processus trop lourd dans la course aux talents.

« Le recrutement se fait sur un marché mondial ultracompétitif, avec des économistes qui vendent leur talent, loin de l'idée qu'on peut se faire des chercheurs qui planent », explique Olivier Garnier, chef économiste à la Banque de France et membre du conseil d'administration de PSE.

Les salaires y sont deux à quatre fois plus élevés que les standards français, et cela commence dès le début de carrière. Il faut imaginer le grand hôtel d'une ville américaine – Atlanta, la Nouvelle-Orléans ou San Antonio – investi début janvier par des milliers de « post-doc » du monde entier venus chercher une place d'assistant professeur – la dernière marche avant d'être titularisé. Chaque établissement employeur prend ses quartiers dans une chambre de l'hôtel et enchaine les *speed datings* avec les aspirants pour un oral d'une demi-heure.

Longtemps absentes, une poignée d'universités européennes sont désormais sur les rangs. Côté français, PSE, l'École d'économie de Toulouse et Sciences Po se livrent d'ailleurs une concurrence acharnée.

Au 6e étage du campus Jourdan, dans un minuscule bureau avec un grand tableau blanc rempli d'équations, Nikhil Vellodi, un Britannique de 37 ans, est d'humeur jovial : « Ce qui est formidable ici, c'est qu'on nous protège de tout ce qui pourrait nous distraire de notre recherche ! » s'enthousiasme l'assistant professeur. Tant qu'ils ne sont pas titulaires, les jeunes chercheurs doivent publier un maximum d'articles dans des revues les plus prestigieuses telle la très pointue *Econometrica*. La suite de leur carrière en dépend. Les recrues de PSE n'ont qu'une vingtaine d'heures d'enseignement par an à assurer alors que les universités américaines en exigent cent vingt. C'est l'une des compensations aux salaires faibles offertes par l'école parisienne. Nikhil Vellodi gagne à Paris la moitié des émoluments qu'il percevait comme simple post-doc à Princeton. «On arrive à attirer des jeunes, mais c'est très dur de recruter des quadras car ils valent cher. On a un problème de pyramide des âges», soupire François Bourguignon, qui fut directeur de PSE de 2007 à 2013. Que dire de Camille Landais ? Le président délégué du Conseil d'analyse économique auprès de Matignon émarge à la LSE. Même avec un budget propre en augmentation constante – 12 millions en 2017 et 17 cette année –, PSE court toujours après l'argent. La rente annuelle de 600 000 euros produite par son capital – 20 millions donnés par l'État et 3 millions du privé – est tout à fait insuffisante. Les Parisiens avaient rêvé égaler les 100 millions de capital levés par l'école de Toulouse. Sauf que les recherches micro-économiques de TSE trouvaient davantage leur place dans un business plan que les travaux macro-économiques du campus Jourdan.

Poussée d'urticaire du CAC40

Mais il y a aussi eu une poussée d'urticaire initiale chez les patrons du CAC40. C'était en 2007. Pendant la campagne présidentielle, Thomas Piketty, premier directeur de l'école, dit tout le mal qu'il pense du programme de Nicolas Sarkozy dans une vidéo.

François Bourguignon raconte : «Je finissais ma mission à la Banque mondiale. Daniel Cohen m'appelle et me dit : "On a un problème. On a besoin de toi car Thomas ne peut pas rester directeur. Les représentants du secteur privé au conseil d'administration, en particulier Henri de Castries, ont dit qu'attaquer nommément un candidat à l'élection présidentielle était incompatible avec la fonction de directeur."» Le patron d'AXA a-t-il eu la tête de Thomas Piketty? L'économiste dément. «Il n'était qu'un membre du conseil parmi d'autres. On ne lui aurait jamais donné les clés.» Ce dont convient l'entourage d'Henri de Castries, qui ajoute : «Il est possible qu'on ait fait un rappel au règlement.»

L'auteur du *Capital au XXIe siècle* ne laisse personne indifférent au sein de l'école. Le chercheur est admiré; son engagement politique est jugé trop voyant. Il n'en a cure. «Le non-engagement c'est trop facile. Rester planqué dans son bureau en expliquant que ce qu'on fait est trop compliqué et que personne ne peut comprendre, cela ne rend pas service aux sciences sociales.»

Universitaire suspicieux à l'égard des partenariats avec les entreprises – «elles veulent surtout utiliser l'école comme écran publicitaire –, il est aussi l'incontournable chef d'un laboratoire, le World Inequality Lab, pourvoyeur de chercheurs et de ressources pour l'école. «Je crois qu'on ne pourra jamais réconcilier PSE et le CAC», pense Romain Rancière, un ancien de l'école parti aux États-Unis. Vraiment? Ayant fait le deuil d'une augmentation de capital, les directeurs successifs ont réussi à créer treize chaires de recherche financées par le privé, à raison de 300 000 euros annuels sur trois à cinq ans. «C'est une chance pour la France d'avoir deux écoles d'économie de renommée mondiale», justifie la présidente de l'Afep, Patricia Barbizet, qui finalement relativise la question idéologique : «La diversité des opinions et des expériences fait la richesse du débat.»

Comme elle, plusieurs personnalités ont ouvert leur carnet d'adresses et dispensé leurs conseils : «Il fallait combler l'écart culturel entre les chercheurs et le monde des affaires», explique Jean-François Cirelli, le patron de

BlackRock France. AXA malgré tout, mais CMA CGM, Ardian, Hermès, SCOR, Air France ou BlaBlaCar prennent un ticket. Total en revanche a essuyé un tir de barrage des chercheurs.

Mais tout cela ne fait pas un financement pérenne. Faut-il hanger la gouvernance de PSE pour lui faire franchir une nouvelle étape ? L'inspection générale de l'éducation se penche en ce moment sur le sujet. Jusqu'à présent, Daniel Cohen veillait, grâce à son aura académique et son aura politique, à la cohésion de l'ensemble. « PSE est une joint-venture. Si l'on remet cela en cause, le risque est de devoir repartir à zéro », prévient Benoît Cœuré, le patron de l'Autorité de la concurrence et ancien pilier de la Banque centrale européenne. Qui poursuit : « PSE, c'est un peu le bourdon dont parlait Mario Draghi en 2012 au sujet de la zone euro. Comment peut-il voler avec des ailes aussi petites ? C'est bizarre, mais ça fonctionne. »

14 septembre 2023

Julia Cagé : « J'étais inscrite en lettres, Daniel Cohen m'a convertie à l'économie »

Sophie Fay et Audrey Cerdan, *L'Obs*

L'Obs *republie l'entretien croisé entre Julia Cagé et son ancien professeur de l'ENS, paru initialement le 29 août 2019.*

C'est là où ils ont tous les deux étudié, à l'École normale supérieure, rue d'Ulm, à Paris, que les deux économistes nous donnent rendez-vous. Daniel Cohen est comme chez lui – il y dirige encore le département d'économie. Pour Julia Cagé, qui enseigne maintenant à Sciences Po, c'est une visite qui fait remonter quelques souvenirs. Dont sa rencontre avec son ancien professeur, qui l'a poussée vers l'économie quelques mois seulement après son arrivée – une discipline dont elle est aujourd'hui l'une des étoiles montantes. Quatorze ans plus tard, ils racontent.

Julia Cagé : « Quand je suis arrivée à l'École normale supérieure en 2005, je rêvais d'entrer dans le petit monde des "intellectuels engagés". Dans ma chambre, j'avais une photo de Sartre et Nizan sur les toits de la rue d'Ulm. Je me suis inscrite en lettres et philosophie, mais c'était plus scolaire que ce que j'imaginais – je me suis ennuyée à mourir les premiers mois. Au même moment, Daniel Cohen donnait un cours au Collège de France. Tout le monde en parlait – c'était lui, l'intellectuel engagé du moment. Je suis allée écouter. C'était vif, ça ressemblait beaucoup plus à ce que je voulais faire. À la fin d'un cours, je suis allée lui expliquer que je m'ennuyais en lettres. Lui : "Pourquoi vous ne feriez pas de l'éco ?" Et sur-le-champ il a pris son téléphone pour m'inscrire en économie. J'ai suivi son cours "Économie pratique, économie savante". Au départ, je ne voulais pas faire d'économie parce que je n'aimais pas la formalisation mathématique : je trouvais ça complètement hors du débat public. Mais avec Daniel, derrière chaque équation, il y avait une histoire. C'était un cours énergique, qui avait de la vie – c'était l'Argentine, l'Amérique latine… On débattait, on avait l'impression de tout comprendre. Et il écrivait des livres qui s'adressaient au grand public, tout en faisant de la recherche scientifique reconnue. J'avais envie de faire la même chose, d'arriver à articuler les deux. Aujourd'hui, pour mes cours à Sciences Po, je suis dans la même logique : j'articule la littérature académique avec la "vraie vie", avec l'actualité. Mon but, c'est que mes élèves sortent avec l'envie de créer des choses. Un bon prof, c'est celui qui donne envie aux élèves de faire ce qu'il fait. »

« *Elle avait une énergie incroyable.* »

Daniel Cohen : « J'ai tout de suite compris que Julia allait "bouffer le monde"… Elle avait une énergie incroyable. Travailler à une note pour la Fondation Jean-Jaurès ? C'était oui, tout de suite. Et, à chaque proposition, elle était prête à y aller. Je n'ai jamais participé à autant de projets avec une élève. À l'époque, à Normale sup, on enseignait l'économie de manière très artisanale, mais c'était une sorte d'âge d'or. J'y ai eu comme élèves Esther Duflo, Philippe Askenazy, Gabriel Zucman, tant d'autres… Ils n'étaient que trois ou quatre par promotion, mais on sentait leur impatience. Un jour, pendant mes premiers mois à l'ENS, j'expliquais une équation quand une étudiante me lance : "Et en langue vernaculaire, ça donne quoi ?" Ça m'a glacé… Je me suis rendu compte que je ne pouvais pas enseigner comme ça. Je vivais dans un monde propre aux économistes français, pour qui la vérité est dans la qualité de la démonstration mathématique. Je me suis obligé à sortir de cette culture. Aux États-Unis, j'avais eu des profs comme Rudi Dornbusch qui utilisaient l'économie et les mathématiques comme du solfège pour raconter des histoires – c'était formidable. À l'ENS, c'est ce que voulaient les élèves : faire des maths, mais à condition qu'on leur prouve que ça servait à quelque chose. Je me suis mis à écrire des livres avec cette idée : rattacher l'économie pure au réel. La thèse de Julia était de ce point de vue exemplaire. Elle y démontre, à travers les données de la presse quotidienne régionale, que, dans le secteur des médias, la concurrence appauvrit, et peut même faire baisser la participation aux élections. On y voit bien l'enchaînement entre une intuition théorique très intéressante, puis tout le travail pour vérifier la pertinence du modèle dans le monde réel. Ce genre d'aller-retour manquait complètement à la tradition française. Il s'impose à présent. »

21 août 2023

« Sans Daniel Cohen, je ne serais pas ce que je suis »

Esther Duflo, *L'Obs*

Toute vie est faite d'accidents et de rencontres fortuites, et il peut être difficile d'attribuer son parcours à telle ou telle personne. Mais mon cas est plus simple. Sans Daniel Cohen, je ne serais pas ce que je suis : je n'aurais pas la même profession, je ne vivrais pas où je vis, je n'aurais pas la même famille.

C'est grâce à Daniel que je suis devenue économiste. C'est grâce à lui que je le suis restée, après un démarrage un peu désastreux. C'est grâce à lui que je suis l'économiste que je suis. Je lui dois ma vie telle qu'elle est aujourd'hui. C'est aussi simple que cela. Et mon parcours, il me semble, illustre bien les qualités uniques de Daniel.

Acte I : comment je suis devenue économiste

J'ai rencontré Daniel pour la première fois dans la cour de l'École normale supérieure, le jour des résultats d'admission. Avant d'y pénétrer, je n'avais jamais pensé à faire de l'économie. Une demi-heure plus tard, j'étais encartée. C'était tout Daniel. Un vrai charmeur. Il donnait l'impression que si on le suivait, tout serait tellement facile… L'économie était non seulement parfaitement simple, même pour une élève littéraire qui se destinait à l'histoire, mais un vrai bonheur de tous les jours.

Acte II : comment j'ai failli ne pas devenir une économiste

Il se trouve que cette première année d'économie n'a pas été si simple. À l'université, j'ai rapidement formé l'opinion qu'il s'agissait essentiellement d'un langage destiné à formaliser une idéologie de droite qui ne m'était pas particulièrement sympathique. Daniel faisait le maximum pour nous persuader du contraire, avec des cours motivés par l'actualité et où il nous faisait aussi découvrir des nouvelles approches, comme celle d'un certain Abhijit Banerjee qui modélisait les phénomènes de foules. Mais je lui faisais payer de m'avoir emmenée dans cette galère en refusant de l'écouter et d'être charmée une fois de plus.

Marie Lajus et moi formions sa deuxième cohorte d'élèves à l'École normale. Il m'a avoué par la suite qu'il avait été tenté de démissionner et de retourner à l'université, abandonnant le projet de former une nouvelle génération d'économistes. Cela aurait été regrettable…

Acte III : comment je suis redevenue une économiste

À la recherche d'une expérience différente du cocon de l'université, je suis partie en Russie pour un an, en septembre 1993. C'est là, dans des circonstances totalement improbables, qu'a eu lieu ma deuxième rencontre décisive avec Daniel. J'avais retrouvé Marie Lajus à l'aéroport de Moscou et j'essayais désespérément de la faire entrer dans le pays sans visa.

Soudain, nous voyons Daniel Cohen qui descend un escalier. Il arrivait pour une mission en Russie. Son sang ne fait qu'un tour (oh non, pas elles !). Mon cœur ne fait qu'un bond (il va pouvoir nous sortir de ce mauvais pas). Nous nous précipitons vers lui. Daniel, fidèle à lui-même, est charmant malgré sa surprise, fait ce qu'il peut pour Marie (sans succès) et surtout me dit de venir le voir le lendemain.

Et là, malgré mon absence de compétence ou d'expérience pertinentes, il m'offre un siège aux premières loges de ce qui se passait en Russie à l'époque : il me fait embaucher par Jeff Sachs [économiste américain, alors prof à Harvard et conseiller de la Russie, ndlr] et surtout m'embauche lui-même. Chaque mois, lui et ses deux comparses débarquaient, et s'ensuivaient plusieurs jours de tourbillons pendant lesquels nous voyagions pour rendre visite à des entreprises et comprendre comment elles vivaient la transition. Plus que tout, c'est cette excitation qui m'a fait replonger dans l'économie.

Acte IV : comment je suis devenue l'économiste que je suis

Au-delà de cette expérience, c'est pendant cette année à Moscou que Daniel commence ma réelle éducation à l'économie (et à Leonard Cohen). En voiture, au cours de dîners à Pizza Hut (qui, bizarrement, était alors un des seuls endroits agréables à Moscou), devant la télévision dans sa chambre d'hôtel, où il m'avait accueillie avec son équipe le jour de l'assaut de l'armée contre le Parlement, il me parle (surtout) d'économie. Enfin prête à l'entendre, je bénéficie de sa verve, de sa culture et de son plaisir immense à manier les analogies et les rapprochements.

Il me demande de commenter le manuscrit de son livre, *Les Infortunes de la prospérité*, que je lis en une nuit.

C'est grâce à ces conversations et à ce livre que je prends conscience que l'économie est un outil, qu'elle peut être détournée par des idéologues mais peut aussi être mise au service d'un projet plus pragmatique, plus efficace. Être utile, en somme. Et source de plaisir intellectuel en bonus. Je me décide. Comme Thomas Piketty (que j'ai rencontré à Moscou) enseigne au MIT, j'irai moi aussi au MIT, pour apprendre cette économie pragmatique, et la mettre en action.

Pendant trente ans, je n'ai jamais interrompu ce dialogue moscovite avec Daniel Cohen. À chacun de mes passages à Paris, nous déjeunions ensemble pour le reprendre en personne. Je prenais soin de réserver tout l'après-midi car ces déjeuners pouvaient durer.

Nous parlions de politique, d'économie, de ses projets et des miens. Je n'ai jamais cessé de le vouvoyer, et lui non plus, mais je me sentais extrêmement proche de lui. Je sais que c'était le cas pour beaucoup, car tel était le don incomparable de Daniel : une chaleur humaine telle que tous ceux qui le côtoyaient se sentaient immédiatement ses amis.

Il n'est plus là pour me faire rire de lui-même, comme il aimait à le faire, mais il restera à jamais mon interlocuteur imaginaire, celui qui m'aide à penser hors des clous.

22 août 2023

« Éblouissant Daniel Cohen »

Pascal Riché, *L'Obs*

Un esprit incandescent. Une curiosité sans limite, une soif de connaissance, une profonde culture. Une envie de transmettre, de former, de lancer des projets, d'embellir le débat démocratique. Une pédagogie hors du commun… C'était Daniel Cohen, notre chroniqueur, notre ami. Il nous a quittés dimanche 20 août après une maladie de plusieurs mois.

Je l'ai connu il y a trente ans, quand je l'avais invité à chroniquer pour *Libération*. Dès notre première rencontre, j'ai compris que j'avais affaire à un homme qui pensait vite, très vite. Il n'était pas toujours facile à suivre. Dans une discussion, il courait devant, tel un chamois sautant de pierre en pierre avec une facilité étonnante. Vous tentiez de le rattraper, émerveillé, en haletant, en évitant de trébucher et décrocher. Les discussions portaient sur la politique, rebondissaient sur la situation internationale, les médias, l'écologie. Et l'économie bien sûr. Elles n'étaient jamais superficielles. Les potins, le bruit de la ville l'ennuyaient.

Daniel parlait avec les mains, avec animation, parfois avec excitation. Pour souligner un point important, il faisait une drôle de grimace, et sa voix partait alors dans les aigus. Elle montait vraiment très haut. C'était assez drôle, et je pense qu'il en était conscient. Il soupesait une hypothèse, puis une autre, citait un philosophe, un historien, un paradoxe, un chiffre, une anecdote précieuse. Vite, toujours très vite. Partager un déjeuner ou un dîner avec lui vous laissait groggy mais heureux. Vous repartiez gorgé d'idées nouvelles et d'enthousiasme.

Le penseur de la sortie de la société industrielle

Souvent, les gens brillants sont si intelligents qu'ils en deviennent bêtes : ils méprisent les autres, « ceux qui ne sont rien », ils virent misanthropes ou mégalomanes, parfois les deux. Profondément humaniste, Daniel était immunisé contre ces travers, car il aimait le débat public et il était curieux de tout. Il se méfiait des « vérités ». Il pensait sans cesse contre lui-même et se remettait en question. Lorsqu'un débat le plongeait dans le doute, il ne le cachait pas. Je me souviens que l'idée de la décroissance l'avait bousculé, de même que celle d'un revenu de base universel, à laquelle il avait fini par se rallier.

Il était un de nos meilleurs économistes, mais bien plus que cela : c'était un éclaireur. Grand lecteur, grand pédagogue, il savait raconter les mutations de nos sociétés avec des mots simples mais lumineux. J'ai lu cette phrase sur le Web : « L'économiste Daniel Cohen, spécialiste de la dette souveraine, est mort. » Autant chercher à faire entrer un géant dans une boîte d'allumettes. Spécialiste de la dette souveraine, il l'était certes (il a notamment travaillé sur la dette grecque, aux côtés de la banque Lazard), mais il se passionnait pour tellement d'autres sujets… C'était un intellectuel engagé, sachant sortir de sa discipline pour mieux embrasser le monde.

Il restera comme le penseur de la sortie de la société industrielle. De cette période de bouleversements qui va de la contre-culture à l'intelligence artificielle. Celle qu'il a vécue. Pour mieux la comprendre, il ne cessait de produire des idées, des analyses, des fulgurances. Lire ses livres ou ses chroniques (dans *Libé*, puis dans *Le Monde* et enfin dans *L'Obs*) vous laissait toujours avec moins d'idées reçues et plus d'idées claires. Dès les années 1990, Daniel Cohen a décrit la troisième révolution industrielle : comment le changement profond des techniques de production provoquait une explosion des inégalités. Avec un peu plus de lucidité, l'on aurait pu éviter les « Cinquante Malheureuses », regrettait-il récemment.

Le débat public, la politique, le passionnaient. Il vibrait, à la fois inquiet et optimiste. Il m'assurait que *L'Obs* avait « un boulevard » devant lui : « La gauche est en miettes, il y a une soif de débat d'idées, tout est à reconstruire et vous pouvez être le cœur de ce mouvement. » Politiquement, il était proche de la famille socialiste. Il a conseillé Martine Aubry à la primaire en 2011, soutenu François Hollande en 2012 (mais il était très sévère sur le bilan de ce dernier) et appelé à voter Benoît Hamon en 2017. Mais il restait à distance de ce monde, jaloux de son indépendance.

Diagnostics minutieux et solutions concrètes

Sur sa propre discipline, l'économie, il invitait à la modestie. Selon lui, l'ère des grands visionnaires proposant des systèmes (Marx, Keynes, Schumpeter…) était révolue : il était convaincu que lui et ses collègues devaient désormais se contenter de proposer des diagnostics minutieux et des solutions concrètes.

Professeur à l'École normale supérieure (ENS), directeur du Centre pour la recherche économique et ses applications (Cepremap) et cofondateur de l'École d'économie de Paris, Daniel Cohen a orienté vers l'économie et formé des flopées d'économistes brillants, dont il parlait avec fierté : Esther Duflo, Philippe Askenazy, Gabriel Zucman, Antoine Bozio, Julia Cagé, Augustin Landier, Xavier Gabaix, Pascaline Dupas ou encore Emmanuel Farhi, décédé il y a trois ans… Beaucoup ont connu des carrières internationales.

Un jour, pendant ses premiers mois à l'ENS, il

En voyage à Moscou en 1979 avec Michel Marian (au centre)

Rencontre avec des cousins refuzniks,
lors d'un voyage en URSS en 1979

À Caracas en 1981

Avec Anne Laporte, en Espagne en 1989

Avec son frère et Michel Marian

Avec Michel Marian et José Achache, quarante ans après leurs années à Ulm, devant l'entrée principale de l'école

Avec son éditeur et ami Alexandre Wickham

Avec son ami
de toujours
Laurent Coenca

En tête à tête
avec Martine,
son épouse, en 2018

Daniel et Martine
à Saint-Tropez

Regards complices d'un couple uni, en 2021

Avec Martine devant l'affiche de son *one woman show* à l'Apollo Théâtre, en 2021

La famille Cohen réunie

Avec sa fille Pauline

Avec Pauline en 2021

Maurice et Suzie Cohen, les parents
de Daniel et Michel

Avec Clara et Pauline,
le jour de l'anniversaire
de Daniel en 2015

Main dans la main
avec Sacha

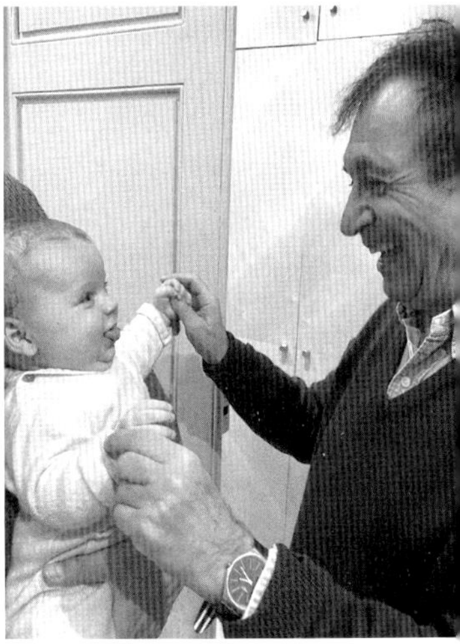

Éclats de rire avec Mira

Remise de la croix de commandeur de l'ordre du Mérite par le ministre de l'Économie, Bruno Le Maire, le 2 juillet 2019

La famille Cohen, le 2 juillet 2019

Avec sa mère, son frère
et son neveu Julien,
le 2 juillet 2019

Prière des Cohen, avec son frère Michel

Dernière photo des frères Cohen prise à Megève, le 19 février 2023

« I'M YOUR MAN »
chante Léonard, ton Léonard.

Danny tu es le Man,
le Mensch de chacun
d'entres nous ici, du plus
petit au plus grand :
tu nous as tous éclairé
de ton mélange unique de
curiosité sincère, d'intelligence
profonde, de générosité
et d'humour à toute épreuve.

Nous nous le sommes
promis avec Maman
et Pauline,
– et nous vous le demandons
à tous –
nous n'arrêterons pas
l'échange, tu seras près de
nous.

♥

Extraits du discours d'hommage de Clara Bessis à son beau-père de cœur

BANQUE DE FRANCE

EUROSYSTÈME

LE GOUVERNEUR

Paris, le 1er septembre 2023

Chère Madame,

Je tiens à vous écrire cette lettre pour vous dire toute la part que nous prenons à votre peine et à celle de votre fille Pauline. La mémoire de Daniel Cohen a été unanimement saluée, comme il le méritait. Il était pour moi un ami, et pour beaucoup d'économistes de la Banque de France un maître et une référence.

On a parlé, très justement, de sa chaleur, de sa drôlerie, de son verbe. Nous avions passé des soirées ensemble en 2010-2011 chez Gilles Finchelstein autour d'une hypothétique candidature DSK : il était toujours au cœur de la conversation et des innovations, jamais banal et toujours amical. Il avait pris l'habitude de me raccompagner dans son taxi, et nous prolongions des discussions passionnées…

On a peut-être un peu moins souligné son art de marier les contraires : la rigueur de l'économiste –il l'était- et l'accessibilité du pédagogue ; les orthodoxes et les alternatifs ; les chiffres et les lettres. Je viens de relire en pensant fort à lui « Homo economicus » : quelle merveille de culture, de réflexions croisées entre les diverses sciences humaines, d'humanisme… Oui, Daniel était je crois un « homme carrefour », un pont rare entre les rives trop souvent opposées, et un infatigable passionné du débat d'idées. J'imagine combien il vous manque ; mais je sais aussi qu'il va beaucoup manquer à notre pays.

Daniel Cohen avait aussi accepté depuis deux ans de présider la Paris School of Economics (PSE), soutenue par la Banque de France. Sa force de conviction et d'entraînement y bousculait si bien les résistances… Daniel a vraiment fait beaucoup pour faire avancer l'économie en France, et l'y faire mieux comprendre.

Je sais ce que je lui dois, durablement. Et beaucoup ici lui doivent beaucoup ; ils ne l'oublieront pas. Qu'à la mesure de notre reconnaissance, nous puissions vous dire combien nous pensons à vous dans cette épreuve. Il paraît que la cérémonie à Pantin était comme il l'aimait : un sommet d'intelligence, d'esprit, d'amitié. Nous essaierons d'y être fidèles.

Nous ne nous connaissions pas, mais je pense beaucoup à vous, à Pauline et à votre famille. Daniel continuera à compter beaucoup pour moi et pour nous.

François VILLEROY de GALHAU

Madame Martine COHEN
89 rue de Grenelle
75007 PARIS

Condoléances de la part de François Villeroy de Galhau, gouverneur de la Banque de France

88, RUE DE GRENELLE, VIIe

Le 21 août 2023

Madame

C'est avec une grande émotion que j'apprends la disparition du Professeur Daniel Cohen.

J'ai eu le grand honneur de travailler avec lui chez Lazard pendant de longues années.

J'appréciais son aptitude de réfléchir, son sens du dialogue qui illuminait toutes les situations économiques.

Chaque année, le dirigeant de Lazard, Matthieu Pigasse puis Jean-Louis Girodolle et moi-même organisions autour de lui un déjeuner avec les dirigeants du CAC 40. C'était éblouissant.

J'ai eu beaucoup d'autres témoignages et souvenirs avec lui.

Mais je voudrais évoquer un autre souvenir. Daniel Cohen a été à l'École normale supérieure le professeur de mes deux petits-fils Baptiste et Mathieu Roger-Lacan. Ils l'admiraient. Ils lui ont rendu aujourd'hui hommage dans la revue « Le Grand Continent » dont ils sont en charge.

Je vous prie, Madame, de bien vouloir accepter pour vous-même, votre fils et votre famille mes condoléances les plus attristées.

Bruno

Bruno Roger

Président d'Honneur de Lazard Frères.

Condoléances de Bruno Roger, président d'honneur de la banque Lazard

JEFFREY A. ROSEN

Chère Madame Cohen

I was deeply saddened by the news of Daniel.

He was more than a colleague at Lazard over many years; he was a friend whose intelligence and wisdom and intellectual curiosity made our conversations interesting, fun and enriching.

His integrity was impeccable. His judgement was exceptional. He approached conversation with an open mind and ran towards – not away from – different, often conflicting points of view. He was as widely respected within Lazard as he was within his daily community of economists and academics.

He didn't take himself so seriously that he couldn't laugh at himself and at situations which benefitted from a sense of humor.

I hope that, for you and your family, memories of happy times together are taking their place alongside the sad ones of late. The memory of him will be as a blessing to those who were fortunate to know him.

Sincerely

[signature]

19 Septembre 2023

Condoléances de Jeffrey A. Rosen,
vice-président et directeur général
de la banque Lazard

Avec Bill Gates, chez lui, aux États-Unis, en juillet 2022

C'était Daniel

expliquait une équation quand une étudiante lui a lancé : «Et en langue vernaculaire, ça donne quoi ?» «Cela, nous avait-il raconté, m'a glacé... Je me suis rendu compte que je ne pouvais pas enseigner comme ça.» S'éloignant de la froideur des pures mathématiques, il a commencé à parler à ses étudiants de la vraie vie. Comme il l'a fait dans ses livres. «Avec Daniel, derrière chaque équation, il y avait une histoire, nous avait raconté Julia Cagé, prof à Sciences Po. C'était un cours énergique, qui avait de la vie... On débattait, on avait l'impression de tout comprendre.»

Lorsque Esther Duflo a reçu le prix Nobel en 2019, je me souviens de son émotion. Ce jour-là, il n'y avait pas homme plus heureux.

Nous adressons nos plus vives condoléances à Martine, sa femme, et à Pauline, sa fille.

21 août 2023

« Peut-on mieux traverser un deuil grâce aux livres ? »

Pascal Riché, *L'Obs*

Peut-on mieux traverser un deuil grâce aux livres ? Plus précisément : en lisant les livres qui étaient chers aux défunts ? C'est une belle question, qui a été brièvement évoquée vendredi dernier, en marge d'une journée d'hommages rendus à Daniel Cohen, professeur d'économie à l'École normale supérieure et chroniqueur à *L'Obs*, décédé à la fin du mois d'août.

Lors de cette conférence, organisée à l'École d'économie de Paris, qu'il a cofondée, les amis et collègues de Daniel se sont relayés pour le raconter. Chacun a posé une anecdote, un souvenir, une petite pierre, et finalement, comme l'a souligné un de ses anciens élèves, une « cathédrale » est apparue : un homme, dans son unité, la cohérence de ses mille facettes. C'était déchirant et drôle, triste et joyeux.

Parmi les petites pierres, il y avait des livres. Et parmi les livres, des romans. Notamment ceux de Milan Kundera, écrivain que Daniel Cohen adorait et qui est mort juste avant lui, en juillet. Dans son dernier essai, *Homo numericus*, l'économiste cite ainsi une phrase prononcée par l'un des personnages de *L'Insoutenable Légèreté de l'être*, Tomas : « L'homme ne peut jamais savoir ce qu'il faut savoir car il n'a qu'une vie et il ne peut ni la comparer à des vies antérieures ni la rectifier dans des vies ultérieures. » Et

Daniel Cohen de philosopher avec son romancier préféré : « La vie humaine est comme une pièce de théâtre que l'on doit jouer sans l'avoir jamais répétée, conclut Kundera. On ne peut pas revenir en arrière pour corriger ses erreurs. Nous devons agir sur la foi de nos seules intuitions. »

Lors de la journée d'hommage, Sandrine Treiner, ancienne directrice de France Culture, a raconté les déjeuners amicaux qu'elle partageait avec Daniel Cohen. Ils parlaient essentiellement de livres, ceux qu'ils écrivaient et surtout ceux qu'ils lisaient. Elle se souvient de deux cris poussés, dans les aigus, par l'économiste : « Quoi ? Tu n'as pas lu *Les Frères Ashkenazi* ? » et « Comment ? Tu n'as pas lu *L'Homme de Kiev* ? ». Deux des romans les plus importants de sa bibliothèque. Ne les ayant pas lus non plus, j'ai ressenti la nécessité impérieuse de les acheter le lendemain. Je suis certain que je n'étais pas le seul dans l'amphi à l'avoir fait.

Les Frères Ashkenazi, publié en 1936, a pour auteur Israël Joshua Singer, le frère aîné du Nobel de littérature Isaac Bashevis Singer. Cette saga commence à la fin du XIXe siècle et s'étale sur une cinquantaine d'années. Elle raconte la vie de deux frères jumeaux dans la ville de Lodz, avec comme fil directeur un drame amoureux : une jeune femme a été contrainte d'épouser l'un des deux, alors qu'elle aime l'autre.

Le second roman, *L'Homme de Kiev* est signé par l'Américain Bernard Malamud. Il a été publié en 1966 (2015, Rivages Poches) et a remporté le prix Pulitzer. L'action se situe en 1911. C'est l'histoire d'un juif, un pauvre réparateur (le titre original est *The Fixer*) qui devient gérant d'une briqueterie de Kiev. Il est injustement accusé d'avoir tué un enfant chrétien lors d'un prétendu « meurtre rituel ». Le roman est inspiré d'une histoire réelle, celle de Menahem Mendel Beilis, dont le procès avait été suivi avec passion : Thomas Mann, Anatole France, H. G. Wells, et bien d'autres avaient pris la défense de l'accusé. Il avait fini par être acquitté.

Je ne sais pas encore ce qui a tant plu à Daniel dans ces deux romans, mais j'ai hâte de le découvrir. J'ai hâte d'entendre sa voix en les lisant. Sans doute a-t-il aimé, dans le second, un appel à lutter contre l'injustice. Comme l'a noté Sandrine Treiner, dans la préface, Jonathan Safran Foer fait une réflexion que Daniel, un homme engagé, aurait certainement approuvée : « Notre monde – aussi désespéré et détraqué soit-il – a besoin de romans existentiels, de romans qui nous apportent un bien plus précieux que l'espoir : un appel à l'action. Le véritable réparateur n'est pas Yakov Bok. (…) Le véritable réparateur, c'est chacun de nous. Nous devons agir. Voilà ce que ce roman, comme tous les chefs-d'œuvre, nous rappelle. »

6 octobre 2023

« L'économiste qui ne se retranchait pas dans sa tour d'ivoire »

Philippine Robert, *Le Point*

Daniel Cohen faisait partie de ces êtres sur lesquels le temps ne paraît pas avoir d'emprise. Avec son air toujours juvénile, son esprit éternellement vif, voire virevoltant, l'économiste était habité par un crépitement permanent d'idées. Touche-à-tout, il aimait autant sa discipline que la littérature, la sociologie, l'histoire ou la politique, s'amusait à construire des théories sur le football ou les films d'Almodovar, et laissait ces différentes inspirations infuser son œuvre. Puis, avec générosité et chaleur, il se transformait en conteur pour partager cette curiosité naturelle avec les autres.

« Homme carrefour », comme le décrit son ami et gouverneur de la Banque de France François Villeroy de Galhau, il s'est éteint dimanche 20 août à l'âge de 70 ans, en laissant derrière lui un héritage décisif dans le monde feutré des économistes français.

Né en 1953 à Tunis, Daniel Cohen fréquente d'abord les bancs de l'École normale supérieure. Après avoir décroché une agrégation de mathématiques dans les années 1970, il se prend de passion pour l'économie. Maîtrisant à la perfection les équations, il n'a pourtant jamais été le genre d'économiste à se cacher derrière la complexité des modèles, « un échafaudage qu'il savait faire disparaître en transformant les chiffres en mots », se souvient son ancien élève Augustin Landier, professeur à HEC. « Mais il a su apporter la solidité des mathématiques à une tradition économique de gauche », souligne Emmanuelle Auriol, professeure à la Toulouse School of Economics. Vulgarisateur, mais sans jamais sacrifier au fond, il n'a cessé de rendre sa discipline accessible au plus grand nombre, et a publié une multitude d'ouvrages dans lesquels il analyse les mutations du capitalisme contemporain.

« C'était un vrai économiste, mais pas de ceux retranchés dans leur tour d'ivoire : il a permis au grand public de mieux comprendre l'économie, et de l'ouvrir aux sciences sociales », affirme François Villeroy de Galhau. Dans son dernier ouvrage en date, *Homo numericus. La « civilisation » qui vient*, il analyse la manière dont la révolution numérique bouleverse l'humanité. Mais la question de la mondialisation, du travail ou du populisme parcourt également son œuvre. Avec toujours un questionnement tenant lieu de fil conducteur au milieu de cette pensée foisonnante : comment la société postmoderne réussit-elle à créer à la fois tant de richesses et tant d'inégalités ?

Si Daniel Cohen a été capable de traiter un grand nombre de sujets, il était d'abord un grand spécialiste de la dette souveraine, dont les travaux académiques étaient reconnus par ses pairs. Il a notamment travaillé sur la réduction de celle des pays pauvres très endettés et suivi de près le cas grec, en tant que conseiller à la banque Lazard. « Nous avons eu des débats passionnés. Nous n'étions pas d'accord sur la gravité de cette dette, mais il savait accueillir la contradiction », se souvient Pierre Moscovici, à l'époque commissaire européen. « Il refusait de se laisser enfermer dans une doxa, il était pragmatique et ouvert d'esprit », ajoute Jean-Olivier Hairault, directeur de la PSE-École d'économie de Paris. Compagnon de route du Parti socialiste, aux côtés de Martine Aubry, de François Hollande ou de

Benoît Hamon, il ne se privait pas pour échanger avec Bruno Le Maire. Et même quand son camp politique critiquera son contrat chez Lazard, il ne renoncera pas à sa liberté.

Modèle

Daniel Cohen a également été un mentor, faisant naître des vocations et éclater des talents. Parmi ses anciens élèves, Esther Duflo, prix Nobel d'économie en 2019, mais aussi Thomas Piketty, Gabriel Zucman, Emmanuel Saez, ou encore Julia Cagé. « À Normale, il a séduit beaucoup d'étudiants qui se cherchaient un peu grâce à son ébullition permanente et à sa générosité », se souvient Augustin Landier. Il les pousse à ouvrir leurs horizons, à aller passer du temps à l'étranger, à écrire pour un public anglo-saxon. Grâce à lui, c'est toute une génération qui est reconnue sur le plan international. Avec Thomas Piketty, il crée également en 2006 la Paris School of Economics, qu'il imagine comme une vitrine d'une certaine recherche économique française, celle traversée par la pluridisciplinarité chère à son cœur. Selon le classement RePEc, l'école se classe au cinquième rang mondial des départements d'économie. Une réussite.

22 août 2023

« Un économiste au service de la société »

Olivier Babeau, *Le Journal du Dimanche*

Le décès de Daniel Cohen prive les sciences économiques de l'une de ses grandes voix. Cette discipline, reconnaissons-le, n'a pas toujours bonne réputation parce qu'elle paraît absconse et ne brille guère par sa capacité prédictive. Peut-être aussi parce qu'elle est chez nous particulièrement mal connue. L'économie, on l'oublie, n'est pas une science instrumentale qui identifierait des leviers précis de conduite du monde. Comme toute science sociale, elle vaut surtout par les questions qu'elle pose, et ne livre pas de diagnostic univoque sur le monde ni de plan d'action clé en main. Parce qu'elle est aussi une science morale, elle propose des éclairages variés sur le réel, souvent complémentaires, parfois concurrents, et n'évite pas les débats sous-tendus par différentes philosophies. Le grand économiste est ainsi moins celui qui propose un système monolithique (forcément illusoire) se croyant exempt de critiques, que celui qui ouvre des perspectives et suscite de larges débats. Daniel Cohen fut incontestablement l'un d'entre eux.

Il ne s'agit évidemment pas ici de citer toutes les facettes d'une œuvre abondante, mais d'en mentionner quelques éléments remarquables. Sa carrière s'est déroulée durant la période d'intenses transformations globales de l'après-Trente Glorieuses. Il a été un observateur aiguisé des nouvelles lignes de forces et tensions à l'œuvre dans la société capitaliste postindustrielle, réalisant des apports significatifs sur certaines des plus grandes questions contemporaines. En plus d'avoir poursuivi l'opportune remise en cause de l'*Homo economicus*, contribué à prolonger la critique du fordisme et travaillé sur l'effet du commerce international sur l'emploi, il a perçu, dès les années 1990, le phénomène de polarisation sociale produit par une endogamie croissante qui a pris depuis tant d'ampleur. S'inquiétant du lien rompu entre croissance économique et bien-être, il a montré l'urgence des nouvelles perspectives sur les façons de penser le progrès. Il a enfin ajouté sa pierre aux analyses sur la rupture profonde que constitue l'entrée dans l'ère numérique. Ses travaux continueront à être lus avec profit, tant ils embrassent les grands thèmes de notre temps : montée de l'individualisme, essoufflement de la croissance, arbitrage entre coopération et compétition, mécanismes de mondialisation, transformation du travail, incertitudes systémiques, effet des technologies sur la société, évolution des inégalités, etc.

Soucieux, d'articuler théorie et pratique, modélisation mathématique et mise à l'épreuve du terrain, travaux de recherche et œuvre de vulgarisation, Daniel Cohen aura pratiqué avec le même bonheur toutes les dimensions du métier de professeur d'université. Il aura accompli le tour de force d'être à la fois pédagogue unanimement apprécié, responsable de l'éclosion de nombreux talents, chercheur du plus haut niveau, créateur d'une institution de réputation internationale, conseiller du politique et passeur d'idées au grand public.

Saluons enfin le penseur exempt de cet aveuglement partisan qui gâte tant de cerveaux distingués avant tout soucieux de parvenir aux conclusions souhaitées et passant systématiquement le réel au tamis de la pureté idéologique. Que l'on soit d'accord avec lui ou non, débattre avec Daniel Cohen était toujours un exercice stimulant empreint d'une complète honnêteté intellectuelle, dans la fidélité à la précieuse tradition de la conversation scientifique. Il restera l'un des exemples de ce que l'université française produit de mieux.

27 août 2023

« Le monde intellectuel perd une grande figure »

Thierry Fabre, *Challenges*

Daniel Cohen était l'un de nos économistes prestigieux, cofondateur de l'École d'économie de Paris et réputé notamment pour ses travaux sur la mondialisation et les dettes souveraines. Les journalistes de *Challenges* le connaissaient bien et l'appréciaient, en ayant multiplié les débats sur les grands sujets économiques et sociaux, ces dernières années. Très pédagogue et précis dans son argumentation, c'était un esprit libre. Vif, chaleureux, il avait un goût du débat et une finesse dans l'analyse qui va nous manquer cruellement.

Le père d'une génération d'économistes français de renommée internationale

Ce normalien, agrégé de mathématiques, a aussi été le père d'une nouvelle génération d'économistes français de renommée internationale. L'un des premiers à partir à l'université américaine de Harvard, dès 1981, en tant que *visiting scolar*, il a ensuite fondé une filière d'élite à l'École normale supérieure, qui a produit des talents comme Esther Duflo ou Thomas Piketty. « Cette école a un droit de cuissage sur les meilleurs élèves qu'elle peut initier à la recherche, nous confiait Daniel Cohen. Dans les années 1990, j'ai réussi à connecter cette élite à l'économie. » Avec un vrai changement par rapport à leurs aînés : ces chercheurs ont été moins idéologues : « Ils traitent sans a priori les grandes questions de politique économique, en étant beaucoup plus pragmatiques », ajoutait-il.

Mais Daniel Cohen était beaucoup plus qu'un économiste. Depuis des années, il n'avait de cesse de croiser cette matière avec d'autres disciplines, l'histoire, la sociologie ou la psychologie. Cette curiosité et cette ouverture d'esprit se traduisaient dans une production de livres impressionnante, visant le grand public et dont certains sont devenus des best-sellers, comme *Homo economicus* où il avait mené une réflexion sur la quête du bonheur, percutée par un modèle économique qui valorise la compétition. Dans son dernier ouvrage, *Homo numericus*, il avait exploré ce tournant de l'histoire, d'après lui, constitué par la révolution numérique.

De timides incursions dans le monde politique

Marqué à gauche, Daniel Cohen avait fait de timides incursions dans le monde politique. Très impliqué dans la Fondation Jean-Jaurès, il avait conseillé Martine Aubry en 2011, avec le sociologue Michel Wieviorka et le généticien Axel Kahn, lorsque la socialiste avait des ambitions présidentielles. Une incursion qui n'a pas duré.

Daniel Cohen était bien plus à l'aise dans le monde intellectuel. Il avait des idées, souvent pertinentes, sur tous les grands sujets. À la sortie d'une interview de Cohen, on se sentait un peu plus intelligent… Ces dernières années, pour *Challenges*, il avait donné un entretien lumineux sur le choc du Covid, en le comparant à la crise de 1929, et fait une plongée, dans un débat avec l'économiste Patrick Artus, dans les méandres de l'inflation dont le retour a surpris tous les experts. Face à Philippe Aghion, il avait aussi fait un bilan sans concession des réformes Macron.

Daniel Cohen va nous manquer. Rares sont les intellectuels à la fois pointus et reconnus dans leur domaine et manifestant une aussi grande ouverture aux autres disciplines. Avec une chaleur humaine qui manque souvent à nos grands esprits.

20 août 2023

« La science économique est en deuil »

Thierry Fabre, *Challenges*

Nous connaissions depuis longtemps Daniel Cohen (1953-2023), comme beaucoup de confrères. Comme économiste, comme intellectuel engagé, comme auteur à succès, comme humaniste n'hésitant pas à piocher dans d'autres disciplines. Il était aussi le fondateur de la Paris School of Economics, qui a essaimé et contribué, tout comme la Toulouse School of Economics de Jean Tirole, à faire rayonner cette discipline en France et à l'international.

Pour Tirole, chroniqueur à *Challenges*, « Daniel Cohen était un passeur de savoir hors pair ». Et le Prix Nobel d'économie de se souvenir de sa personnalité chaleureuse et de son pragmatisme qui en faisait un personnage si attachant : « Je n'oublierai jamais nos conversations passionnées, s'étendant de dîners en 1981 au tout début de notre carrière, autour de sujet comme la dette souveraine, jusqu'au rapport de 2021 de la commission Blanchard-Tirole, dont il fut un des membres les plus actifs. » Jean Tirole a mille fois raison. Depuis le 20 août, « la science économique française est en deuil ».

21 août 2023

« Les idées larges de Daniel Cohen »

Christian Chavagneux, *Alternatives économiques*

J'ai rencontré Daniel Cohen pour la première fois au milieu des années 1990, lorsque je travaillais au Commissariat général du Plan. J'ai été frappé par trois choses : une mécanique intellectuelle brillante, une capacité à traduire en termes clairs de politique économique les derniers résultats de la recherche et une personnalité bienveillante.

Aussi, devenu journaliste, il ne m'a pas fallu longtemps pour le solliciter. Il travaillait à l'époque sur les questions d'endettement des pays du Sud – et il le fera pour la banque Lazard, ce qui lui a été reproché – et le premier article qu'il a publié pour nous portait sur les différentes explications de la crise asiatique de 1998. À une époque où Internet démarrait tout juste, Daniel Cohen avait lu les dernières recherches disponibles aux États-Unis, connaissait les récentes prévisions macro-économiques du Fonds monétaire international, etc.

Nombre de ses publications portent la trace d'une ouverture au travail des autres économistes, qu'il citait abondamment : il offrait une synthèse des débats disponibles dans sa profession sur les grandes questions économiques du moment. Et il n'oubliera pas de réfléchir aux conséquences des évolutions du capitalisme sur les pays du Sud.

Un intérêt qui l'amènera sans surprise à se pencher sur la mondialisation, avec la même connaissance fine des débats en cours dans le monde des économistes occidentaux, notamment sur les effets du commerce international sur l'emploi.

Il complétait ce savoir-faire pédagogique d'une recherche des meilleurs moyens de réguler cette mondialisation, à ses yeux un fait social total que les économistes savaient peu expliquer : «Il y a une corrélation certaine entre mondialisation, institutions capitalistes et croissance économique – ce qui ne devrait pas surprendre» mais «les mécanismes et les causalités restent à établir», écrivait-il en 2002.

Croissance et stagnation séculaire

Dans l'économie politique de la mondialisation de Daniel Cohen, les rapports de force, dont les économistes dominants traitent peu, sont bien présents : «Les pays riches posent un problème existentiel aux autres nations», déclarait-il dans *Sciences humaines* en 2007. Et le problème touche aussi l'Europe : «Pour les pays du Sud, et dans une certaine mesure aussi pour les pays européens vis-à-vis des États-Unis, être dépossédés de la création de nouveaux savoirs, de nouvelles technologies, équivaut à une exclusion de l'histoire.»

Lorsqu'à partir du début des années 2010, les travaux de l'économiste américain Robert Gordon sur les vents contraires à la croissance s'installent au cœur des débats, Daniel Cohen rejoint le camp de ceux qui pensent qu'une stagnation séculaire, autrement dit une longue période sans croissance, est possible. Ce qui l'amènera à développer plusieurs grandes réflexions. L'une sur la croissance, ce totem des économistes, qu'il remet en cause dès 2013 : «Il nous faut guérir de notre addiction à la croissance et réussir à créer une société harmonieuse sans son secours», écrit-il alors dans nos colonnes.

La richesse des nations est ailleurs : «Est-ce que fondamentalement la croissance des dépenses de santé, d'éducation et de recherche est légitime ?» Et comme la réponse est oui, alors «notre société a besoin d'être au clair sur les besoins sociaux qui l'habitent aujourd'hui, pour résister au chantage de ceux qui ne voient dans ces secteurs non marchands qu'une source de coûts ou un détournement de richesses».

Daniel Cohen ne sera pas macroniste. L'accroissement de la richesse est public, quand le capitalisme ne la conçoit que sous le régime de la propriété privée, une contradiction indépassable. Qui a été illustrée par la pandémie, souligne l'économiste, moment de gloire d'un capitalisme numérique privé qui a accentué son emprise.

Modèle sec

Les débats sur la croissance vont aussi nourrir son travail sur la remise en cause de l'*Homo œconomicus*. L'abondance devait rendre ce dernier heureux, il n'en a rien été. De plus, «l'homme moral quitte la salle quand l'*Homo œconomicus* y entre. Les deux ont certainement leur rôle, mais on ne peut pas les asseoir à la même table», écrit Daniel Cohen dans son livre *Homo economicus, prophète (égaré) des temps nouveaux*. Une vision trop économique de l'homme met en avant la nécessité de la compétition entre chacun quand il faudrait promouvoir la coopération.

En 2018, lors d'un long entretien publié par la revue *Le Débat*, il revient sur une science économique prise à l'intérieur «d'un enfermement intellectuel dans un modèle sec, mathématiquement très subtil mais paradigmatiquement pauvre, celui de l'*Homo œconomicus* agissant en rationalité pure».

Et ça va mal tourner, annonce-t-il : «L'économie va rentrer dans une période que l'on peut taxer d'obscurantisme. Tout énoncé qui ne peut pas être "micro-fond" est tout simplement banni de publication.» Mais «par ses excès mêmes, par sa violence intellectuelle, cette révolution conservatrice au sein de la théorie a fini par exploser et permettre un renouveau de la discipline économique ».

Celui-ci passe par trois chemins : l'économie comportementale à la Daniel Kahneman qui s'ouvre vers la psychologie, l'économie des institutions à la Douglass North qui tente de s'ouvrir à l'histoire et à la politique tout en restant dans l'approche dominante, et enfin le boom des approches empiriques. Citant l'Américain Paul Romer, Daniel Cohen explique pourquoi les économistes pensent pouvoir se passer de théorie.

Romer « avait expliqué que l'industrie pharmaceutique n'avait pas besoin de théorie, parce que l'expérimentation est bon marché. On essaie toutes les combinaisons possibles et on voit celles qui marchent. Il s'est passé quelque chose d'analogue chez les économistes ».

S'impliquer dans le débat public

Critique de l'économie dominante, Daniel Cohen ne se reconnaissait pas pour autant dans le groupe des hétérodoxes. Il faisait partie de ces économistes dont le cœur penchait à gauche comme citoyen, professionnellement formés par un courant *mainstream* qu'ils critiquent mais avec lequel ils composent.

Il ne croyait pas à l'influence politique des économistes, selon lui uniquement utilisés *ex post* pour rationaliser et justifier des décisions politiques. Ces dernières font des gagnants et des perdants, du pour et du contre, et selon lui, « le rôle des économistes dans la cité doit être de rendre visibles ces débats, cette ambivalence, pour avertir des avantages et des inconvénients, pour rendre le débat public le plus éclairé possible, plutôt que de faire croire qu'il existerait une science en surplomb qui puisse trancher la question ». C'est bien ce qu'il a fait tout au long de sa carrière, avec un souci de s'impliquer dans le débat public avec pédagogie.

22 août 2023

« Un grand généraliste »

Antoine Levy et Elena Maximin, *Le Grand Continent*

L'économiste Daniel Cohen vient de s'éteindre. Ce « médecin généraliste » au chevet des plus fragiles était aussi l'un des derniers maîtres dans sa discipline, obsédé par la confrontation des idées aux faits et tout entier tourné vers la compréhension du monde et du présent. À l'École normale supérieure, il avait formé plusieurs générations d'économistes. Deux anciens élèves lui rendent hommage.

S'il fallait trouver pour décrire Daniel Cohen une analogie, ce serait peut-être celle du médecin généraliste. Médecin parce que, sous des dehors parfois bourrus, ne le quittait jamais un souci de mettre son expertise et sa rigueur au service des plus fragiles, et de déterminer ce que pouvait la théorie économique pour mieux comprendre et rendre moins difficile la vie des plus pauvres. Généraliste parce que, quoique macro-économiste jusqu'au bout des ongles, il puisait sa culture dans les vastes horizons des sciences sociales, des mathématiques, et de toutes les branches de l'économie. Lecteur insatiable, il pouvait disserter pendant des heures sur les derniers chiffres de la consommation des ménages comme sur les origines du socialisme ou l'intelligence artificielle. Médecin généraliste, aussi, parce que derrière le scientifique ne disparaissait jamais complètement l'homme plein d'empathie, aux conseils avisés et précis.

Il était un homme de gauche, qui voyait en la discipline économique un moyen de mieux comprendre pourquoi dans un siècle de prospérité la pauvreté demeurait, tant dans les pays avancés que dans ceux en développement. Sans jamais le moindre cynisme, il œuvrait sans relâche, à PSE, au Cepremap, à la Fondation Jean-Jaurès, à construire des réponses concrètes à cette question qui le taraudait, et qui fut le titre d'un de ses articles fondamentaux : « Why are poor countries poor ? » Au-delà de la seule question du développement, comprendre les frustrations et les peurs des plus pauvres, en France et en Europe, fut un programme qui l'animait depuis ses premiers travaux sur le chômage et jusqu'à son enquête récente sur *Les Origines du populisme*, un ouvrage majeur pour comprendre la crise des Gilets jaunes.

Daniel Cohen prenait au sérieux les modèles mathématiques, pas comme des totems muséifiés qu'il faudrait transmettre sous cloche aux générations suivantes, mais comme des outils vivants et modulables de diagnostic, des stéthoscopes qu'il portait pour ausculter le monde. Combien de fois avons nous eu cette expérience, en soumettant à Daniel un problème très concret, de voir son esprit brillant s'activer, se mettre en branle, et soudain tracer entre une situation particulière et un modèle ésotérique, en apparence sans lien direct, une relation qu'il fallait souvent à l'élève plusieurs jours ou plusieurs semaines pour digérer et reconnaître ? Parce que brillant mathématicien, il n'était jamais effrayé par la complexité d'un raisonnement, mais autant que possible faisait toujours le choix de la simplification, de circonscrire à grands coups de crayon les éléments fondamentaux d'un problème. Un de ses bons connaisseurs disait un jour qu'il était resté de ceux qui ne parviennent pas à s'interdire la dialectique et la dissertation – biais bien français, et bien européen, comme lui. Auprès de ses étudiants, Daniel Cohen avait à cœur de constamment confronter les idées aux faits, et de s'émerveiller des difficultés et des contradictions mises au jour par l'exercice.

Daniel laisse à tous ceux qui ont eu la chance de l'avoir comme maître le souvenir d'un professeur à l'enthousiasme contagieux. Beaucoup se rappellent ainsi sa manière unique d'exprimer un enthousiasme sans bornes pour une donnée statistique nouvelle, apparemment anecdotique, ou le résultat contre-intuitif d'un modèle macro-économique. Souvenir des premières années à l'École normale, quand il nous apprenait, en petit comité, à raisonner et penser en économistes, à lire des articles de recherche, à prendre au sérieux un problème sans céder à la facilité d'une opinion pré-mâchée ou politisée. Souvenir, évidemment, de ses cours magistraux de macroéconomie de master, spectacles de la pensée en action. Il n'enseignait que ce qui lui plaisait, et dans un ordre qui ne tenait qu'à lui, comme, d'ailleurs, il fit toute sa vie de la recherche. Il évoquait les travaux de Diamond, Mortensen et Pissarides sur l'appariement du travail pour expliquer, à la serpe, les différences de taux de chômage entre l'Europe et les États-Unis, sans jamais idéaliser l'un ou l'autre des deux modèles économiques. Il enseignait la croissance selon Solow, sans jamais mentionner qu'avec Marcelo Soto, et en l'espace d'à peine vingt pages jamais publiées mais incroyablement novatrices, il avait résolu le fameux paradoxe de Lucas (« pourquoi le capital n'afflue pas des pays riches vers les pays pauvres ») par la variation du prix du capital entre pays, le sous-investissement en éducation dans les pays en développement par les différences d'espérance de vie, et la faiblesse de la productivité observée par un problème de mesure des parités de pouvoir d'achat. Puis on passait aux modèles à générations imbriquées de Samuelson, Weil, et Blanchard-Yaari, qu'il prenait plaisir à déployer face à des élèves chaque année incrédules devant leurs conclusions contre-intuitives.

Évidemment, l'année se concluait par le sujet de la dette publique, la grande passion de sa vie. Avec Jeffrey Sachs, dès 1982, et sept ans avant l'article fondateur de Bulow et Rogoff, il démontrait le paradoxe fondamental de la dette souveraine (pourquoi prêter à un État qui pourra choisir arbitrairement de ne pas rembourser à l'avenir), et offrait une solution potentielle. Ces modèles de répudiation de la dette souveraine, Cohen les prenait suffisamment au sérieux pour les utiliser au quotidien, dans des pays en difficulté aux côtés du Sovereign Advisory Group de la banque Lazard ou de l'Agence française de développement, qu'il conseillait et auxquels il apportait son souci du sérieux, son sens immédiat des ordres de grandeur, sa capacité à discriminer l'accessoire de l'essentiel. On passait au crible de la pensée de Daniel la situation budgétaire de l'Égypte ou de la Grèce, les réserves de change du Venezuela ou de l'Argentine, et il en extrayait la substantifique moelle, oubliait les détails pour leur préférer une vision d'ensemble toujours neuve et souvent juste. Il poursuivait récemment encore ces travaux essentiels à travers la création du Finance for Development Lab abrité dans sa maison de toujours, l'École normale supérieure, boulevard Jourdan.

Daniel était un pédagogue hors pair. Ne cédant jamais à la facilité du cliché, il pouvait expliquer, avec son débit saccadé si caractéristique, l'économie à une tablée de vacanciers comme aux chefs d'État et de gouvernement, aux thésards de l'ENS et du Cepremap comme à son immense public de lecteurs et auditeurs, parfois moins versés dans la discipline. Il croyait au pouvoir de l'enseignement, qu'il n'eut de cesse de promouvoir, boulevard Jourdan, à travers la fondation et l'extraordinaire aventure de l'École d'économie de Paris, joyau de la discipline en France. Ses étudiants et élèves ont essaimé partout dans le monde, devenus économistes majeurs de leur époque comme Esther Duflo ou Emmanuel Farhi, mais aussi ministres, députés, diplomates, chefs d'entreprise, responsables associatifs, tous marqués par leur rencontre avec lui, et tous soucieux, aujourd'hui, de préserver l'héritage de l'un des derniers maîtres.

Le futur, enfin, occupait certainement Daniel Cohen, constamment présent dans ses thèmes de réflexion et ses préoccupations. En témoigne son dernier ouvrage, dans lequel il livrait ses réflexions sur l'avènement de l'ère du capitalisme numérique et ses implications pour des sociétés humaines composées de ces nouveaux *Homo numericus* – s'inspirant largement d'auteurs sc situant au-delà du champ économique et complétant ainsi ses analyses des conséquences de la « nouvelle économie » numérique et de ses rendements croissants sur l'économie mondiale et les inégalités.

Spécialiste de la croissance économique, il n'hésitait pas dans un ouvrage à également poser et historiciser la contradiction entre notre « monde clos » et le « désir infini » matérialisé par la croissance économique, « religion du monde moderne ». Toujours ce goût d'explorer et d'exposer sans fard les contradictions et les paradoxes, concrets et théoriques, qu'il s'agisse de ceux que pose la transition numérique ou de ceux soulevés par la transition écologique. Véritable passeur, traducteur souvent pour le public français de la pensée universelle, doté d'une soif d'analyser et de transmettre insatiable à laquelle il est toujours resté fidèle, il laisse en héritage cet élan essentiel dont beaucoup continueront de s'inspirer à leur tour.

21 août 2023

LES ÉCONOMISTES
ET LES UNIVERSITAIRES

Frédéric Worms, directeur de l'ENS

Chères toutes, chers tous,

Ce message sera bref mais comment ne pas vous l'écrire ? Comment ne pas vous dire personnellement l'émotion de toute l'École à l'annonce, ce 20 août 2023, du décès de Daniel Cohen ? Comment ne pas évoquer aussi, « chaque fois unique », les deuils qui ont affecté l'École cet été ?

Daniel Cohen incarnait et désirait la meilleure École possible. Comme professeur et comme ami, il avait le don d'expliquer et pas seulement en économie. Ce qui veut dire aussi qu'il s'inquiétait du pire et qu'il le savait possible, cette lucidité faisait partie de lui.

Nous pensons à sa famille, à ses amis, à ses élèves, à ses collègues, à toutes celles et tous ceux qui mesurent aujourd'hui son importance à leur émotion, et nous savons combien elle est intense.

L'École normale supérieure lui sera fidèle comme il l'a toujours immensément été envers elle, élève en mathématiques, créateur et directeur du département d'économie, maître de tant d'élèves devenus autant de maîtres et restés jusque dans le monde entier ses amies et amis, créateur du Cepremap, initiateur de l'École d'économie de Paris qu'il ne séparait jamais de l'ENS (et pas seulement sur le campus Jourdan où il va tant manquer), et avec qui nous partageons aujourd'hui notre émotion.

« Chaque fois unique, la fin du monde » : c'est ce qu'avait écrit Jacques Derrida devant la perte de plus d'un de ses amis. Son fils Pierre (connu sous le nom de Pierre Alferi) vient de décéder lui aussi, philosophe entré à l'École en 1982, écrivain, comment ne pas le saluer ici ?

L'été a aussi enlevé Étienne Guyon à l'École, et à chacune et chacun d'entre nous, qui avait dirigé l'École normale supérieure de 1990 à 2000. Comment enfin ne pas associer à son nom celui de Gérard Toulouse, lui qui alliait sans jamais les séparer la double rigueur de la physique et de l'éthique ?

Merci à chacun d'eux, gratitude à Daniel Cohen aujourd'hui et demain, merci à chacune et chacun de vous pour tous ces engagements communs.

Jean-Olivier Hairault, directeur de PSE

L'hommage organisé par l'École normale supérieure, le Cepremap et PSE-École d'économie de Paris le vendredi 29 septembre a permis de réaliser si possible encore davantage pourquoi Daniel Cohen n'avait pas d'égal. Il était tout à la fois un grand scientifique, un professeur qui a fait école, un vulgarisateur lumineux, un intellectuel de premier plan éclairant et suscitant les débats de société, et *last but not least* un homme attentionné et plein d'humour.

Daniel a su également mettre son intelligence et sa grande notoriété au service de grands projets collectifs, dont Paris School of Economics qui correspondait à son désir de construire à Paris, sur le campus Jourdan, un grand centre de recherche et de formation en économie, de renommée internationale, ouvert sur la société, pour nourrir les débats et influencer les politiques publiques.

PSE est certainement le plus fidèle des reflets de la personnalité de Daniel, un homme qui n'a cessé de vouloir faire de ses désirs la réalité. Son histoire avec PSE est celle d'un créateur exalté, un bâtisseur exigeant, un homme attentionné et au service des projets de recherche de chacun.

Daniel, bien avant 2006, la date officielle de création de PSE, avait rêvé, imaginé, pensé PSE, pour la mettre au monde avec l'aide précieuse de Thomas Piketty. Cette nouvelle structure de recherche et de formation devait créer une nouvelle donne. De son expérience dans les années 1980-90, Daniel mesure le grand potentiel mais aussi les grandes limites du système universitaire français qui empêche la réalisation de ce potentiel. Il enseigne à des étudiants brillants qui partent ensuite aux États-Unis pour faire leur doctorat et qui, surtout, ne reviennent pas en France en tant qu'enseignant-chercheur, compte tenu de la différence de conditions de travail entre la France et les pays anglo-saxons. Il constate aussi la grande dispersion des centres de recherche à Paris, sur le campus Jourdan même, qui nuit à leur visibilité et empêche la mise en commun de leurs maigres moyens. Quel contraste avec l'université de Harvard qu'il visite régulièrement et dans laquelle il vit le quotidien tellement différent de chercheurs de premier plan, comme Jeffrey Sachs avec lequel il engage une collaboration de recherche. Il vit aussi à Harvard l'ouverture de la recherche aux grandes problématiques sociétales, tandis qu'en France sont surtout valorisés à cette époque les travaux plus théoriques et souvent très abstraits. Il regrette également le manque de culture économique de la société française, et en premier lieu de ses élites qui conduisent la politique économique.

PSE doit répondre à l'ensemble de ces limites, réunir des forces dispersées, lever des ressources, pour garder et attirer les meilleurs chercheurs et enseigner à d'excellents étudiants venant du monde entier. Faire rayonner la France depuis le campus Jourdan !

Encore aujourd'hui, PSE se présente à l'image de la personnalité de Daniel. On lit ainsi sur le site internet : « PSE développe au plus haut niveau international la recherche et la formation en économie. Elle nourrit également les échanges entre l'analyse économique et les autres sciences sociales, contribue au débat de politique économique et inscrit la recherche académique dans la société. » Toute ressemblance avec Daniel n'est pas… fortuite. PSE est bien à son image.

Avant même sa prise de fonction officielle, je me souviens d'un long appel téléphonique à la fin juillet 2021 où Daniel me dit son exaltation à la perspective de faire (re)-venir en France à PSE Esther Duflo et Gabriel Zucman, comme plus tard il me parlera de façon tout aussi enthousiaste de faire (re)venir à PSE ses « compagnons de route » à la carrière exceptionnelle aux États-Unis, Roland Bénabou et Olivier Blanchard. Mais ce qui était encore plus enthousiasmant pour lui, c'était de voir se réaliser tous les projets des chercheurs, de voir concrètement se matérialiser tout ce qu'il avait imaginé il y a plus de quinze ans, comme le très grand impact de l'Institut des politiques publiques, en particulier au moment du débat sur le budget du gouvernement chaque automne.

Son objectif ces derniers mois était que PSE puisse consolider son modèle de développement grâce à l'appui de la puissance publique. Tel était son désir le plus cher, PSE le fera grâce à lui et pour lui.

Claudia Senik, directrice du Cepremap

Je connaissais déjà Daniel lors de mes années de doctorat, il a d'ailleurs fait partie de mon jury de thèse en 1993, mais j'ai commencé à travailler formellement avec lui en 2005, lorsqu'il a repris et transformé le Cepremap. Je n'ai jamais cessé d'apprécier sa curiosité, son excitation face aux idées, sa vision, son humour et sa présence attentive. Travailler avec Daniel, cela voulait dire penser toujours à relier la recherche à la politique économique et aux débats de société, veiller sans cesse à l'ouverture vers le grand public, rester constamment attentif à la nouveauté. Évoluer constamment avec un formalisme minimal. Daniel était un entrepreneur qui ne croyait qu'aux idées et aux talents et se souciait peu des hiérarchies et des organigrammes. Son enthousiasme était sa pierre de touche et notre boussole.

On était certain d'intéresser Daniel avec des idées exploratoires et « modernes », consistant par exemple à exploiter les données en ligne de Twitter pour développer des indicateurs du moral des Français. Daniel savait soutenir les projets novateurs ; il savait aussi les éteindre lorsqu'ils n'étaient plus utiles, ou qu'ils ne tenaient pas leurs promesses, et c'est ce qui nous permettait d'essayer.

Le plaisir de collaborer avec lui nous transformait en une bande d'amis. Chacun de nous se rendait à ses rendez-vous avec plaisir. Nous savions que nous allions commencer par faire le point sur le contexte, parler de littérature au passage, et rire. Car Daniel voyait toujours le côté comique des choses, en même temps que leur gravité ; il était souvent pris par une sorte de hoquet, comme si la réalité stimulait son sens de l'humour. Je me souviens que dernièrement, il ironisait sur un texte que j'avais écrit et c'était tellement drôle qu'au lieu de me vexer, j'ai moi-même éclaté de rire, et je ris encore en y pensant. Le travail avec Daniel était comme de vivre un épisode d'un film de Woody Allen, il le savait parfaitement.

Je voudrais évoquer pour finir un moment particulier : dans le cadre de la collection d'opuscules du Cepremap que nous dirigions ensemble, nous réunissions un comité de lecture autour du premier jet d'un ouvrage envisagé pour publication. Les chercheurs présents commençaient à exposer leurs critiques et suggestions, et puis soudain, Daniel n'y tenant plus, prenait la parole, et tout en affirmant qu'on y était presque, et qu'on pourrait quasiment le publier tel quel, recomposait le livre de fond en comble, en expliquant à l'auteur pourquoi le projet était génial, et comment il fallait le traiter, mais complètement différemment, en en changeant l'angle, l'ordre des idées, en ajoutant et supprimant des morceaux, une véritable tornade intellectuelle. L'auteur sortait de la réunion comme d'une attraction de fête foraine, ébloui, un peu ivre et très inquiet. Et puis il faisait ce qu'il pouvait et c'était en général très bien.

Cette réunion, comme les autres, était presque toujours marquée par une petite pause – le moment « Pauline au bout du fil », sa fille Pauline naturellement prioritaire, et cela ajoutait au flux de sympathie qui unissait les membres du groupe. Il ne pouvait pas y avoir de travail sans amitié avec Daniel.

« Il mettait du cœur et de la drôlerie en toute chose... »

Yann Algan, professeur à HEC

Les livres de Daniel se lisent comme des romans, à la recherche de la croissance et du bonheur perdus comme Albertine chez Proust, s'écoutent comme des ballades sur un air de Bob Dylan ou de Leonard Cohen, se regardent au rythme nerveux des séries *Black Mirror* et *Game of Thrones*, pour embrasser des champs immenses de la pensée en sciences humaines, orchestrant une symphonie pour répondre à cette question essentielle : comment rendre désirable la civilisation qui vient ?

Pour y répondre, le registre politique prend une place croissante dans les derniers livres de Daniel, dont la clairvoyance sur l'effondrement du climat, les promesses envolées de la révolution numérique et les désirs infinis des hommes dans un monde clos, s'accompagnent d'une plus grande inquiétude sur l'avenir de notre civilisation attirée désormais par les populismes.

Les titres de ces deux derniers ouvrages, *Les Origines du populisme* et *Homo numericus*, témoignent de cette inflexion, et de toute la profondeur de la pensée de Daniel pour affronter les grandes questions de notre temps.

Si la montée des populismes est une question au cœur des derniers livres de Daniel, c'est certainement parce qu'elle met en tension les transformations que ces livres n'ont cessé d'étudier. La réussite des sociétés industrielles reposait sur le pacte faustien entre la croissance économique, même si elle fut aliénante pour les ouvriers taylorisés, et une protection sociale pour ces derniers. Cet équilibre vole en éclat dans nos sociétés post-industrielles, où la croissance économique s'est évaporée, et la solitude domine au travail, dans les territoires, sur les réseaux sociaux. Selon Daniel, cette tension conduirait les hommes modernes à vivre « au-dessus de leurs moyens psychiques ».

Daniel reprend alors l'héritage de Durkheim qu'il admirait tant pour expliquer les troubles de notre civilisation et la montée du vote extrême par la solitude sociale. Les relations interpersonnelles et plus particulièrement la confiance sont en effet le facteur central qui explique qu'un électeur, soumis à ces risques économiques, va basculer du côté de la gauche radicale ou de la droite populiste. Les électeurs de Marine Le Pen aux élections présidentielles de 2017 et de 2022 entretiennent une très forte défiance envers les autres, beaucoup plus élevée que les électeurs de Jean-Luc Mélenchon. Cette défiance ne vise pas seulement les immigrés ; elle cible aussi leurs voisins, leurs familles, les autres en général. Cela permet de comprendre ce grand paradoxe, selon lequel les électeurs des classes populaires et moyennes se tournent vers des candidats d'une droite dure opposés au Welfare State, comme Trump, Salvini, l'AfD ou Marine Le Pen. Ces électeurs se défient non seulement des riches (qu'ils voient comme des spéculateurs mondialisés), mais aussi des pauvres (considérés comme des assistés, ou pire des immigrés).

Cette forte défiance à l'égard des autres traduit un rapport dégradé à autrui. Mais cette blessure n'est pas juste psychologique ou culturelle. Elle puise ses origines dans la désocialisation et la solitude propres à nos sociétés. Nous sommes passés d'une société de classes (où les ouvriers partageaient un monde commun au sein des entreprises, des syndicats, des mouvements communistes et socialistes) à une société d'individus isolés. Les Gilets jaunes sont la manifestation de cette désocialisation au travail avec une surreprésentation des catégories populaires dans le tertiaire (chauffeurs routiers, aides-soignantes...), très peu encadrées par les normes sociales traditionnelles de l'entreprise ou par les syndicats.

Daniel développe en profondeur cette question de la solitude dans son dernier livre *Homo numericus*, dédié à une analyse clairvoyante et vivante de la civilisation numérique. Son analyse à la fois précise et joyeuse se place toujours à portée d'homme, au plus près de nos vies, du cycliste ubérisé des temps modernes à l'amoureux addictif. Nous pensions être tous connectés grâce à Internet, et pourtant l'*Homo numericus* n'a jamais été aussi seul, même en amour sur Tinder (*Just Fuck* !). Nous pensions nous libérer du travail, nous n'avons jamais autant travaillé, mais seul : la taylorisation de la production se transforme en taylorisation du consommateur et de l'être humain. Enfin, dans *Les Origines du populisme*, Daniel pose la question centrale : comment expliquer que nous soyons devenus plus tolérants au cours des dernières décennies sur le droit des femmes, des homosexuels et si intolérants et polarisés en politique ? Pourquoi les classes populaires et moyennes, les plus touchées par la mondialisation, la numérisation ou encore les crises financières votent-elles pour des programmes de droite qui font peu de place à la taxation et à la redistribution ?

En se confrontant lucidement aux contradictions des temps modernes, et en nous apportant des débuts de réponse dans le chaos ambiant, ses derniers livres trouvent une voie pour accomplir l'utopie d'un monde désirable avec des politiques adaptées au XXIe siècle et non au siècle dernier. L'optimisme triomphe toujours dans sa pensée.

J'ai eu la chance de coécrire des livres, des articles et des notes du Conseil d'analyse économique avec Daniel. Il ne se passait guère une journée sans que nous nous appelions pour faire un point sur la situation politique, les derniers articles de recherche sur nos sujets d'écriture, nos vies… Nos journées de travail étaient un vrai jeu de tennis au sens figuré pour échanger des idées comme des balles de ping-pong, mais aussi au sens propre. Si Daniel était un fervent admirateur de Federer et de son revers, il se désolait de ses défaites contre Nadal. Daniel, qui a commencé comme mathématicien, pouvait alors consacrer des heures à expliquer scientifiquement pourquoi Federer n'avait aucune chance contre Nadal car ce dernier était gaucher ! Il pouvait ainsi envoyer des balles liftées au rebond très haut sur le revers devenu impuissant de Federer. À l'évocation de ces grandes courbes hyperboliques, nous ne pouvions nous empêcher de nous lever pour attraper en l'air des balles imaginaires dans le bureau de Daniel. Puis la science rejoignait alors en un moment fatidique la psychologie : « Yann, regarde ce point ! C'est à ce moment précis que le match bascule et que le mental de Federer s'est effondré ! » Ses commentaires sur le tennis relèvent de l'anecdote mais disent aussi beaucoup de Daniel : il met de l'esprit, du cœur, de la drôlerie en toute chose ; du sublime dans les choses simples. On tutoyait toujours les étoiles et le paradis à ses côtés.

Le choix de Daniel[1]

Martin Andler, professeur au Laboratoire de mathématiques

Ce n'est pas parce que nous étions tous les deux mathématiciens que j'ai rencontré Daniel. Les rencontres, c'était plus par le sport, la politique ou les deux. Daniel n'étant ni rugbyman ni athlète, ce fut donc par la politique. Avec toute une bande d'amis, les uns « littéraires », les autres « scientifiques », heureusement pas tous normaliens, nous nous sommes engagés à l'extrême gauche, dans le marxisme, mais avec la conviction partagée qu'il fallait chercher ailleurs qu'auprès des organisations se réclamant du marxisme-léninisme les principes de notre militantisme.

Pendant ces années-là, intenses, travail théorique, actions de terrain et réseaux d'amitié se mêlaient. Travail théorique qui se traduisit, des années plus tard, par la dédicace, trop généreuse, que Daniel me fit de son premier livre, *Les Infortunes de la prospérité* : « Martin, un peu de l'économie que nous avons apprise ensemble. »

Nos actions auprès des chômeurs et des immigrés, dont nous avions, à raison, et bien avant tout le monde, identifié

1. Je remercie Michel Marian et Francis-André Wollman dont j'ai bénéficié des conseils pour rédiger ce texte.

l'importance, eurent, il faut bien le reconnaître, un impact pour le moins limité, tant des fonctionnaires-stagiaires proclamant « nous les chômeurs » devant l'Agence pour l'emploi avaient du mal à convaincre les intéressés.

Si, à la fin des années 1970, nous nous sommes tous éloignés de l'illusion révolutionnaire et du marxisme, ce ne fut pas pour autant pour abandonner le sens de l'engagement, et l'ardente obligation de la lutte pour l'égalité. Les échanges entre nous restèrent tout aussi intenses, bouillonnants, pas toujours convergents mais toujours entrelacés ; ils ne se sont jamais arrêtés. Un moment marquant : à la manifestation après l'attentat de la rue Copernic en octobre 1980, nous avions inventé le slogan « Cacher ou pas, les fafs on les bouffera ». S'ensuivirent des réunions régulières du groupe « Cacher ou pas »[1]. Dans cet incubateur d'idées politiques et existentielles, nos discussions à n'en plus finir, réunissant juifs et goys, sans aucun désir d'un retour à la religion, nous permettaient de comprendre ce qui faisait de nous, nous qui étions issus de familles venues en France depuis des pays lointains à l'Est ou au Sud, des Français.

Si nos engagements avaient retardé ce moment, il était aussi temps de choisir un destin professionnel. Daniel, reçu à l'agrégation de mathématiques en 1976, fut audacieux. Choisir l'économie n'était pas évident : dans les années 1970, dans une ENS endormie et nombriliste, le domaine était quasi inexistant ; il n'y avait pas de professeur Cohen pour guider le jeune mathématicien Daniel !

1. À l'époque, comme la plupart des commentateurs, nous pensions que l'attentat était l'œuvre de l'extrême droite. On sait aujourd'hui que l'auteur était un militant palestinien.

Il lui a fallu prendre des risques, quand bien de nos camarades préféraient ne pas en prendre.

Ayant choisi l'économie, il aurait pu se contenter de surfer sur sa capacité à en maîtriser les modèles mathématiques. Mais il ne céda pas à leurs sirènes, pas plus qu'à la séduction de ceux qui les rejettent a priori, et put tracer son chemin, faire école en mettant la science économique au cœur des sciences sociales.

Une vigie

Philippe Askenazy, directeur de recherche au CNRS

Il y a à peine plus de trente ans, début 1993, une découverte. Matheux, je débarquais au groupe de lecture d'articles de recherche d'actualité en économie de l'ENS. Très vite, la magie a opéré, celle d'un immense scientifique. Comme un chef d'orchestre, Daniel organisait les échanges entre élèves. Puis, dans le dernier quart d'heure, un puissant débat argumentaire s'est installé entre un jeune économiste qu'il conviait, Gilles Saint-Paul, et lui. Les deux boxeurs en sont sortis KO debout, mais quelle rapidité, quelle science enthousiasmante !

Mon premier tête-à-tête avec Daniel viendra quelques semaines plus tard. Nous étions loin de ce qu'il a construit depuis sur le site Jourdan, un campus de renommée mondiale en économie, plus largement en sciences sociales. Daniel était le seul professeur titulaire d'économie de l'ENS. Atteindre la porte de son antre à l'« annexe », 46, rue d'Ulm, nécessitait de traverser une bibliothèque puis de se faufiler dans un étroit couloir sombre encombré de revues. « Alors, me dit-il, vous hésitez entre les maths et l'économie. Je vais vous convaincre. »

Je fus ainsi successivement son élève, son premier doctorant, son chargé de TD, son collègue, son adjoint à la direction du Cepremap, professeur au département d'économie de l'ENS qu'il avait créé. Le privilège immense de milliers d'heures à ses côtés, d'apprentissages mais aussi d'une absorption dans sa pensée de mes analyses sur le travail. Alerter sur les mutations du travail n'était qu'un de ses multiples engagements où il mettait ses talents de pédagogue et de chercheur. Il voulait autant éclairer le grand public que les arcanes du pouvoir, en France et au-delà.

Mais c'est un engagement plus fondamental qu'il semblait vouloir embrasser lors de notre dernier échange à Jourdan en début d'année 2023. Comme un rituel, il me hèle énergiquement dans le couloir. « Ah tiens, Philippe, vous avez du temps, venez dans mon bureau. » Rituel, nous ne nous sommes jamais départis du vouvoiement réciproque, de maître à élève. Rituel, il me demande comment je vais et enchaîne sur ses multiples projets pour le Cepremap, le travail remarquable de ses membres et du personnel, la nécessité d'avoir plus d'opuscules, toujours sa passion de passeur par le livre.

Et comme toujours, le Daniel intime effleure par petites touches, une blague juive suivie d'un rire, des métaphores tennistiques, une anecdote anodine d'un père aimant sur Pauline. Autre rituel, nous passions à la politique. L'économiste pragmatique, avant tout humaniste, s'amusait visiblement à s'encanailler à tester ses analyses auprès d'un collègue atterré. Là, en plein conflit sur les retraites, le sujet s'imposait. Mais cette fois, sa conclusion fut nettement plus grave. « J'ai peur pour l'avenir de notre démocratie. Il faudra que l'on se mobilise » et de rajouter presque mystique : « Philippe, c'est une mission. » Daniel nous manque à toutes et tous. Vigie, il manquera à la France.

Pour Daniel

Françoise Benhamou,
professeure au Cercle des économistes
et à l'université Sorbonne-Paris-Nord

Il y a ces petits cailloux que l'on dépose sur les tombes, comme autant de pierres que l'on pourrait accumuler. Des petits cailloux qui sont la métaphore des pierres avec lesquelles on bâtit des immeubles, des monuments… ou des centres de recherche.

De Daniel, j'ai l'image d'un bâtisseur. Je pense d'abord à ses livres. Daniel souhaitait laisser une œuvre, des textes qui, comme autant de briques que l'on superpose et qu'on assemble avec du ciment, indiquent les contours et les contenus d'une vision du monde que l'on cherche à consolider, enrichir, préserver.

Je pense à l'École d'économie de Paris, qui lui doit tant.

Bâtisseur, Daniel l'était aussi par le dialogue entre les disciplines, par la volonté, grâce à son esprit toujours aux aguets, de croiser les regards, d'aller chercher dans la littérature, le cinéma, la chanson, des points d'entrée dans la théorie aussi inattendus que pertinents.

Daniel, c'était également quelqu'un qui adorait la joute verbale, la discussion à bâtons rompus, parlant de plus en plus vite comme pour s'assurer d'énoncer en un rien de temps tous les arguments à l'appui de sa démonstration.

Un ami du Cercle des économistes, Christian de Boissieu, me disait de lui : « Daniel disait la fin des phrases de ses interlocuteurs. »

Daniel fut un précieux pourvoyeur d'idées, de réflexions, pour ceux qui, ayant rejoint un cabinet ministériel ou s'étant engagés en politique, étaient heureux de l'écouter. Il savait, toujours avec bienveillance, y compris lorsqu'il ne partageait pas les opinions politiques de son interlocuteur, apporter les éléments nécessaires à l'objectivation d'une question.

Daniel était aussi un passeur, et si quelqu'un a su expliquer au grand public (et pas seulement à ses étudiants) des raisonnements économiques parfois complexes, c'est bien lui. Son talent de pédagogue est une leçon pour nous tous. Je travaille parfois avec Radio France ; les journalistes sont un peu orphelins depuis sa disparition.

Quand j'ai connu Daniel, nous avions formé, avec un petit cercle d'amis, un groupe qui entendait lutter contre les fachos. Daniel est resté tout au long de sa vie un homme de conviction.

Je n'ai pas assez discuté avec Daniel ; c'est peut-être un cliché que de regretter cela quand un ami s'en va, mais je pense à la première fois que Daniel et moi avons parlé un peu sérieusement ; j'avais 20 ans et lui aussi. Nous avions parlé… du FMI ! Au fond, la conversation ne s'est pas complètement arrêtée avec son décès. Car Daniel était un être tellement vivant, virevoltant, presque explosif, qu'on a du mal à penser qu'il a rejoint, pour paraphraser Verlaine, ce monde « des voix chères qui se sont tues ».

Perrine Simon-Nahum,
directrice de recherche au CNRS
et professeure et directrice du département
de philosophie à l'ENS-PSL

Daniel Cohen n'a jamais cessé d'être économiste. Il n'a même jamais cessé de déclarer sa flamme à l'économie politique. Daniel était cependant un esprit trop brillant et subtil, aux synapses douées d'un pouvoir de suggestion hors de commun, pour se laisser enfermer dans les limites d'une approche qui lui parut immédiatement devoir être interrogée de l'extérieur. Si l'économie était la lunette depuis laquelle il pouvait considérer le monde, il a compris qu'il lui fallait faire varier la focale, user d'un comparatisme suggestif et qui permet d'échapper au déterminisme auquel succombent trop souvent les économistes.

Sous l'influence de Daniel, l'économie est devenue au sein de l'École normale non plus un département parmi d'autres, un savoir parmi d'autres, mais l'un des cœurs battants de l'École.

Pourtant, la pensée de Daniel n'aurait pas eu le rayonnement qui a été le sien si cet élargissement du regard n'avait répondu à une nécessité profonde. De Daniel, on pourrait dire qu'il a été à la fois l'économiste de Proust et de Kundera.

Milan Kundera est de tous les écrivains celui qui l'aura le plus intimement accompagné, à la fois pour l'attention portée au fonctionnement des sociétés communistes et les dégâts produits par les idéologies lorsqu'elles sont aux commandes de la politique. Le romancier tchèque lui a enseigné la nécessité d'approcher les temps modernes en les jaugeant à l'aune de leurs promesses face à leur triste réalité. Comme Kundera, Daniel Cohen maniait la syncope et la polyphonie des voix comme celles des points de vue. Cela tenait sans doute aussi à la vitesse de sa réflexion. Il est d'ailleurs frappant qu'ils soient morts à si peu de distance. Peut-être discutent-ils des chances respectives du modèle capitaliste et socialiste de réaliser le bonheur de l'humanité ? Plus vraisemblablement ils jouent ensemble au jeu du rire et de l'oubli.

Daniel Cohen a aussi été l'économiste de Proust. Comment ne pas voir dans l'analyse de nos comportements face aux bouleversements actuels induits par l'irruption du numérique ou de l'intelligence artificielle qui ponctuent ses pages une image contemporaine du salon de Mme de Guermantes et de celui de Mme Verdurin où ceux qui jouent la comédie du monde révèlent la diversité des motifs qui organisent la manière dont ils s'y conduisent ? Comment ne pas y voir un exercice d'admiration pour la manière dont Proust parvient, depuis son lit, à lever les illusions du monde social et à rendre celui-ci à la réalité de nos peurs ou de nos ambitions ? *Le Monde est clos et le désir infini* titrait Daniel Cohen dans un de ses derniers opus. Tel le Narrateur auquel le monde parvient comme des hiéroglyphes comme autant de marques de connivence ou, au contraire, d'éloignement et qui, conscient de sa finitude, confie à l'art le soin d'en exalter les richesses, il mobilisait son immense culture littéraire et cinématographique au service de l'explication du monde.

Daniel Cohen en Champollion. L'image a de quoi étonner. Souvenons-nous pourtant que celui-ci n'a pas seulement livré les clés de la civilisation égyptienne mais qu'il a ouvert l'Europe à tout un continent symbolique. C'est ce dernier point que je relèverai : la prise de conscience qui fut la sienne de la profondeur de l'ancrage des habitus modernes, prise de conscience qui a trouvé à s'exprimer à travers la diversité des objets culturels que Daniel n'aura cessé de convoquer. Il a montré qu'on ne saurait penser l'économie en dehors de l'humain. Il savait que nous sommes des êtres imparfaits et que, pour cette raison même, les conduites de nos vies, à l'image des sociétés, sont en permanence susceptibles de tomber dans l'irrationnel. Il n'aura cessé de nous rappeler à l'ordre de cette humanité que certains tendent à oublier et qu'il a eu le génie d'embrasser dans son cadre le plus large : celui du grand aventurier de la pensée qu'il a été. Ce pari explique en dernier ressort le magistère qu'il a exercé sur nous tous.

Comment allons-nous faire aujourd'hui ?

Jean-Louis Girodolle, directeur général de Lazard Frères

La longue collaboration de Daniel Cohen avec Lazard est sans doute un aspect moins connu de ses nombreux engagements. Elle mérite un hommage particulier tellement elle a été essentielle, intense et porteuse d'un réel épanouissement réciproque.

Daniel a rejoint Lazard en 2005 à l'initiative de Matthieu Pigasse comme conseiller senior au sein du département de conseil aux gouvernements. Une relation durable s'est alors nouée entre l'économiste déjà réputé, passionné par la question de l'endettement souverain, et notre équipe de banquiers spécialisés dans la structuration d'opérations financières internationales complexes, et notamment la résolution des crises de la dette souveraine. Rapidement, Daniel s'est engagé avec enthousiasme aux côtés de l'équipe de Lazard dirigée d'abord par Michèle Lamarche, avec laquelle il a noué une durable amitié, puis par Pierre Cailleteau et Thomas Lambert, auxquels il était lié par une profonde complicité professionnelle et personnelle.

Lazard lui a offert un terrain de jeu idéal pour tester et valider (ou invalider) dans la réalité ses intuitions sur les problèmes d'endettement souverain forgées lors des années qu'il avait passées comme l'un des chercheurs les plus reconnus de cette discipline académique. On l'a beaucoup souligné : Daniel était avant tout un grand généraliste de l'économie convaincu de la nécessité de l'action concrète pour donner un sens pratique à la théorie qu'il maîtrisait parfaitement. Il a ressenti chez Lazard au plus près le besoin d'échafauder des solutions concrètes mais aussi celui de savoir convaincre les autorités des pays qui s'adressent à Lazard de leur pertinence et de les accompagner dans la durée.

Son implication a été intense et durable et il a marqué profondément, durant ces dix-huit années, le fonctionnement, la structure et la manière d'aborder le métier de notre équipe de conseil aux gouvernements. Nombreux ont été ses anciens étudiants, eux aussi passionnés par la finance souveraine, à rejoindre Lazard et à y rester durablement. Nombreux sont les jeunes banquiers de Lazard à avoir été profondément marqués par leur interaction avec Daniel, toujours bienveillante et stimulante.

Daniel a fait preuve chez Lazard des mêmes qualités exceptionnelles d'écoute et d'accompagnement soulignées par tous ceux qui ont eu le grand privilège de croiser sa route. Tous les mercredis, il était présent dans nos locaux pour prendre le temps d'un échange très approfondi sur tous les sujets que les uns et les autres voulaient aborder avec lui, souvent pour lui soumettre une question dure à résoudre et qu'il embrassait avec bonheur. C'est un immense privilège pour l'ensemble des banquiers de Lazard d'avoir pu, sur une si longue durée, bénéficier de l'acuité de son regard, de sa capacité inouïe à confronter la théorie économique et financière aux situations empiriques et de sa puissance pédagogique inlassable et passionnée.

L'action de Daniel au sein de Lazard a toujours été en totale cohérence avec ses autres grands engagements car elle s'est toujours inscrite au service des gouvernements et de leurs populations pour résoudre des situations souvent périlleuses. Cet exercice de confrontation permanente au réel a fait de Daniel un intellectuel engagé d'un type singulier.

Il a fortement marqué de son empreinte de nombreuses opérations souveraines conçues et exécutées par Lazard. En 2009, il a été à l'origine de l'opération réussie de rachat de dette par l'Équateur après le défaut de 2008, une opération qui, reconnaissait-il malicieusement, marche en pratique et pas en théorie ! Entre 2010 et 2012, il a pris une part essentielle au travail de Lazard pour la restructuration de la dette de la Grèce qui est, encore aujourd'hui, la plus grande opération de ce type jamais mise en œuvre. Aux côtés de Lazard, Daniel a noué des relations d'amitié profondes avec des responsables publics du Gabon, de la Mauritanie, de l'Éthiopie, de l'Égypte, ou encore du Ghana ; s'agissant récemment de ce dernier pays, il avait eu le premier l'intuition des difficultés financières qu'il allait traverser et tout fait pour positionner Lazard dans le rôle qui est aujourd'hui le sien. L'Amérique latine a également occupé une place particulière dans l'action de Daniel chez Lazard, au Venezuela (où il avait fait son service national comme coopérant bien avant d'y revenir avec nous), en Bolivie et dernièrement en 2020 en Argentine lors de la dernière opération de restructuration de la dette.

La présence de Daniel a été pour Lazard une source de rayonnement exceptionnel tant sa réputation au sein du monde académique et les amitiés durables qu'il avait nouées au sein des institutions multilatérales étaient fortes.

Au plus fort des situations de crise sur lesquelles il a été amené à travailler, ses contacts étroits avec de hauts responsables internationaux ont été pour nos clients souverains extrêmement utiles pour bâtir des solutions consensuelles. Pour Lazard, l'apport analytique et académique de Daniel permettait aussi toujours d'ajouter une dimension supplémentaire toujours appréciée aux travaux de la Maison pour ses clients.

Dans la dernière période, j'avais tenu à ce que Daniel élargisse son rayon d'action au sein de Lazard en adoptant le rôle de « chef économiste » à Paris, apportant avec son talent si exceptionnel son regard sur la conjoncture économique et les grands défis auxquels sont confrontés les clients de notre Maison. Il était, pour moi le premier, une source inépuisable et passionnante de compréhension de l'économie et de lecture du monde.

Je crois profondément que Daniel a été très heureux durant toutes ces années chez Lazard, ces innombrables voyages aux côtés de nos clients et prospects, ces heures passées à réfléchir, proposer et négocier. Lazard aussi a été très heureux et reconnaissant d'une relation si durable et hors du commun avec un des plus grands esprits de notre époque. Il nous reste la grande mais exaltante responsabilité de rester fidèle à son héritage.

LES PROCHES

Laurent Coenca, P-DG d'Actym

Mon cher Daniel,

C'est dur de perdre son meilleur ami !

Quand il part, c'est un peu de soi-même qui meurt aussi.

Nous avons fait connaissance il y a cinquante-deux ans, à la rentrée en maths sup au lycée Louis-le-Grand.

La proximité orthographique de nos noms de famille facilitait la recherche de nos notes sur les tableaux d'affichage des résultats. Pour ceux de l'X, tu t'étais faufilé devant moi pour voir si nous étions admis et tu m'as crié : « Coenca/Cohen "bités" ! »

Notre amitié est née là.

Avec Marc, un autre ami de classe de l'époque, nous avons vite formé un trio inséparable.

Crack en maths, tu trouvais toujours une démonstration élégante avant les autres. Curieux de tout, tu développais tes convictions brillamment, souvent en leader des AG qui enflammaient le lycée dans ces années 1970…

Je suis tout de suite tombé sous ton charme fait de virtuosité intellectuelle, d'humour et de joie de vivre ! Cette séduction instantanée opérera tout au long de ta vie et de tes rencontres, qu'il s'agisse d'un étudiant, d'un convive ou du président de la République !

Bien entendu, servi par un mental de vainqueur – comme Djokovic, ton héros –, tu raflas toutes les mises l'année suivante. L'X et Normale sup que tu choisis et qui t'ouvris les portes de ta fantastique carrière. Tu es devenu un de ces mémorables professeurs, comme Camus parlait de son instituteur, et l'intellectuel de grande classe que l'on sait !

Notre amitié a grandi au fil des années.

Nous sommes passés de la proximité de nos noms à celle de nos familles. Cela a commencé avec l'invitation régulière de ta maman, Suzie, à passer les fêtes de Kippour avec les tiens ainsi qu'avec tous tes d'amis d'alors… une joyeuse tradition que Martine a poursuivie pour ton plus grand plaisir et le nôtre !

Ensuite, ce furent nos vacances communes avec Michel, Odile et nos enfants, à Saint-Jean-de-Luz, à Belle-Île dans un hôtel « du silence »… qui ne nous accepta plus l'année suivante…

Et puis ces dernières années, ce fut les « week-ends des frères » grâce à Sylvain, dans ses maisons aux sports d'hiver ou sur la Côte d'Azur, souvent avec Alexandre, notre cher ami commun.

Tu avais la parole au cours de nos innombrables repas animés. Nous adorions tes leçons particulières d'économie et surtout la façon dont tu croquais avec drôlerie les situations vécues qui allaient avec.

Comme ton entrevue avec Bill Gates dans sa maison de Los Angeles, l'an dernier. Tu nous racontais en l'imitant le moment des présentations « *Hey, I'm Daniel Cohen* », « *Hey, me, Bill…* » te répondit-il, en ouvrant les deux mains.

Emballé par le livre, nous n'oublierons pas non plus la façon dont tu nous as raconté *L'Éthique* de Spinoza avec cette magie si personnelle, profonde et hilarante à la fois !

Ta générosité, un des traits les plus marquants de ta personnalité, se manifestait dans ce souci de faire rire. Une générosité profonde, source de ta vision du monde et de tes engagements.

Mais là, il s'agissait de donner un peu de toi aux autres, un peu de plaisir.

D'ailleurs, dès le premier mois de ton hospitalisation, tu t'émerveillais de l'attention des aides-soignantes, des infirmières et tu me disais : « Je les fais rigoler ! »

Cette générosité s'exprimait aussi quand un proche avait une promotion ou entamait une nouvelle relation. Toujours enthousiaste, tu voyais le côté plein du verre et te réjouissais de son succès !

Tu m'as dit dans tes dernières paroles : « Je ne sais pas si je vais guérir mais ma vie a été bien remplie, j'ai été comblé alors qu'ici dans les couloirs j'ai vu des jeunes malades… »

Tu étais très fier de la montée sur scène de Martine, profondément touché de son attention pendant ces derniers mois, heureux de la réussite de Pauline – l'amour de ta vie – et du rebond de Flavien.

Clara et Charles, ravi de votre belle progéniture !

Michel, heureux de ton nouveau bonheur !

Bien sûr, Daniel va beaucoup nous manquer ! À nous tous ici qui avons eu la chance de le connaître.

Je pense à sa famille et à sa maman, à tous ses amis.

Pour moi, notre amitié, notre complicité de tant d'années va cruellement me manquer. Comme à Brigitte et à Mickaël qui l'aimaient tant.

Dans notre dernier échange, à sa demande, je lui avais envoyé des photos du lac de Côme où nous étions de passage avec Brigitte. Il m'a répondu : « C'est splendide ! »

Mon cher Daniel, j'espère que là où tu es, c'est splendide aussi !

Sache que la lumière que tu as apportée à tous ceux que tu as aimé et qui t'ont aimé ne s'éteindra jamais dans leurs esprits et dans leurs cœurs.

C'était Daniel

Alexandre Wickham,
directeur éditorial non-fiction d'Albin Michel

Évoquer la mémoire d'un grand intellectuel dont on a été – privilège rare – à la fois l'ami et l'éditeur est un exercice difficile. On a envie de montrer ses sentiments et en même temps on se l'interdit. C'est là où une figure familière de la langue française a surgi : l'oxymore. Définition du *Robert* : Figure de style qui consiste à allier deux mots de sens contradictoires.

Ce professeur réputé, cet économiste reçu par beaucoup de chefs d'État avait un art de l'empathie qui lui permettait de tout comprendre. Il a disparu et en même temps, pour ses amis, il est toujours là.

Cette empathie pouvait prendre la forme d'un oxymore à lui tout seul qui prenait de nombreux visages :

– Daniel prônait la société des loisirs mais ne cessait de travailler.

– Daniel aimait ironiser sur les classements mais adorait faire des best-sellers. Ça se passait toujours de la même manière, il disait : « Si on n'a pas d'émission, ça n'a aucune importance, les enfants. » Et puis quand on avait une télé, alors il soupirait d'un air angoissé : « Là, faut pas se louper, sinon on est foutu ! »

– Daniel avait tous les diplômes possibles mais malgré cela voyait le monde tel qu'il est.

– Daniel mettait au-dessus de tout la théorie mais si un de ses proches perdait son job sans raison valable à ses yeux, il en tirait aussitôt une nouvelle analyse du marché de l'emploi !

– Daniel était un converti récent à la transition écologique mais son empreinte carbone, il faut le reconnaître, n'était pas très bonne !

– Daniel détestait les interventions mais pouvait rendre service. Ce qui, paraît-il, n'avait rien à voir.

– Il y a eu l'année de l'élection de Barack Obama. Et puis il y a eu l'année des concours de Pauline.

Juste avant, le classement était simple : Harvard, HEC et loin derrière toutes les autres écoles. Juste après, le classement était encore plus simple et devenait : EDHEC, Harvard, HEC et toutes les autres derrière !

– Daniel était un spécialiste international de la dette qui n'avait jamais emprunté 1 euro à une banque.

– On connaît la réplique fameuse d'Alan Greenspan à la fin d'une conférence de presse : « Si vous avez compris ce que je viens de vous dire, c'est que je me suis probablement mal exprimé », c'était l'exact opposé de sa philosophie profonde.

– Daniel allait au restaurant, pas pour manger mais pour parler.

– Daniel aimait les vacances dans le Midi mais n'envisageait pas une seconde d'aller à la mer.

– Daniel savait tout de la politique mais celui qu'il choisissait comme candidat était assuré de l'échec.

– Daniel aimait voir les journalistes dès lors qu'il savait ce qu'ils allaient écrire.

– Daniel aimait les journaux sans croire un mot de ce qu'ils écrivaient.

– Daniel aimait les débats plus que tout, surtout ceux qu'il dirigeait.

– Daniel était un des rares intellectuels qui préférait citer ses pairs plus que lui-même.

– Daniel ne croyait pas du tout à la maxime selon laquelle « un pessimiste est un optimiste qui a beaucoup d'expérience ».

– Reclus dans sa chambre, Daniel disait : « Je vais avoir enfin le temps de travailler. »

– Réduit à l'immobilité, Daniel ne parlait que de BD, de voyages et de grands espaces.

– Enfermé, Daniel était le plus libre d'entre nous.

– Au point où nous en sommes, au terme de cette (trop) rapide évocation, il n'est plus question d'oxymore, juste de la célèbre blague juive qu'il adorait : celle du « Mais pour qui il se prend, celui-là ! »

Michel Marian, historien et philosophe

C'était au milieu des années 1970. Les vibrations du monde, de Santiago à Gdansk, nous atteignaient au Normal Bar, rue Claude-Bernard. Pas au pot, pas dans la cour, pas dans le couloir. Car l'École elle-même était une belle endormie. Elle menait à tout, à condition d'en sortir.

Pourtant, quelque chose avait bougé en profondeur : l'esprit révolutionnaire, quoiqu'en déclin ou parce qu'en déclin, avait brassé élèves littéraires et scientifiques.

Il est revenu à Daniel Cohen d'incarner une nouvelle synthèse. Pourquoi à lui ? Je ne reviendrai pas sur les qualités intellectuelles exceptionnelles qui ont été tant de fois évoquées aujourd'hui. Je voudrais surtout (re)dire les dispositions d'esprit qui lui ont permis d'être l'homme de ce passage.

D'abord, sa gourmandise de toute pensée nouvelle, qui le poussait à l'absorber complètement et à nous donner des recommandations de lecture. La pensée se logeait souvent chez les écrivains, et la nouveauté pas toujours à gauche chez Kundera, Boulgakov ou Vargas Llosa.

Puis son envie d'attaquer les systèmes, les évidences trompeuses, les contradictions, ce qui ne l'empêchait pas de chercher les pépites dans ce qu'il entendait.

Et son audace : les pastiches de Foucault ou Deleuze dans nos publications de potaches lui ont appris qu'aucune vache sacrée ne lui résisterait.

Enfin et surtout son ambition intellectuelle : il était convaincu que la décadence du marxisme résultait d'une transformation plus vaste, qui réduisait aussi le fordisme et le taylorisme dans la société, et que seule une combinaison de l'esprit littéraire et philosophique avec l'esprit scientifique permettrait de comprendre le changement.

Daniel a trouvé dans l'économie, à l'époque marginale et reléguée dans le « nouveau bâtiment », la discipline où faire se rencontrer ces deux approches, à condition qu'elle soit à la fois mathématique et critique.

Mais il lui a fallu pour cela sortir de l'École avant d'y revenir. Rencontrer à Nanterre Suzanne de Brunhoff, puis des économistes non marxistes, des ricardiens avant les rocardiens ! L'agrégation… de maths, la direction de la prévision, le Cepremap, l'expérience américaine et enfin le retour à l'École.

À partir de ces expériences et de ces émotions intellectuelles, il a inventé l'écriture d'une économie délibérative, et, véritable normalien du futur, entraîné par son magnétisme les intelligences dans la construction de l'École d'économie de Paris, qui a drainé vers elle aussi bien des élèves scientifiques que des littéraires.

Nous sommes un bon nombre à conserver des images syncopées du chaos créateur de sa mutation. Pour moi, ce sera à jamais :

– la première fois, la découverte d'un jouvenceau fagoté à la Bogart, qui tenait en respect, comme un barreur d'aviron, une longue tablée de brillants condisciples scientifiques ;

– la joute hebdomadaire que nous livrions à notre cher professeur d'économie marxiste, Jean-Luc Dallemagne, sur la baisse tendancielle du taux de profit ;

– la tentative de blocage de l'ANPE du 12e par un collectif de chômeurs (de 3 chômeurs emmenés par 10 normaliens, Daniel en tête), expulsé *manu militari* par les vrais chômeurs qui venaient toucher leurs indemnités ;

– l'exploration du grand magasin du Goum, à Moscou, dix ans avant Jeffrey Sachs, pour repérer l'endroit où ferait le plus de dégât la bombe… d'un ouvrage que nous préparions « à la manière de John le Carré ».

Et bien sûr les heures de farniente au Normal Bar jusqu'à ce que Daniel se saisisse d'un sujet comme s'il courait à sa voiture, casque en main, pour lancer les 24 heures du Mans. Ces 24 heures-là qui pouvaient recommencer à tout moment il y a encore quelques mois vont bien nous manquer.

Denis Olivennes, directeur général de *Libération*, président d'Éditis

Nous nous sommes rencontrés il y a trente-cinq ans et depuis notre amitié ne s'est pas démentie, émaillée parfois de rendez-vous professionnels plus ou moins réussis : je lui avais proposé de me remplacer auprès de Pierre Rosanvallon à la Fondation Saint-Simon, ce qu'il a fait ; je l'avais aussi invité à succéder à Jacques Julliard au *Nouvel Observateur* quand Jacques est parti à *Marianne*, et il a accepté aussi mais après… mon départ.

Maintenant, je regrette que nous ne nous soyons pas assez vus. Nous laissons bêtement le temps filer, occupés à des tâches idiotes, à de vains divertissements et nous passons à côté des choses essentielles. Pourtant, j'aimais Daniel.

Bien sûr, ce qui frappait, c'était son intelligence extraordinaire. La profondeur de son esprit, l'étendue de ses curiosités, mais d'abord sa vivacité !

Nous partagions un même idéal. Mais nous divergions souvent sur les moyens. Commençait alors quelque chose qui s'apparentait moins à un débat qu'à une partie d'échec (un *blitz* précisément) dont je sortais le plus souvent mat. « Les échecs sont la souffrance des imbéciles », a dit Dostoïevski. Non, c'était Daniel la souffrance des imbéciles. Et j'étais de ceux-là.

Mais il avait une deuxième qualité qui sautait immédiatement aux yeux et qui était pour moi plus importante que la première. Il n'abusait jamais de ses capacités. En somme, il ne vous en voulait pas d'être moins intelligent que lui. Bien sûr, il pouvait être moqueur, ironique, caustique. Mais il était avant toute chose d'une profonde générosité.

J'ai rencontré beaucoup de gens très intelligents. Il n'est pas rare qu'ils soient arrogants. Pétri d'érudition mais aussi d'humanité, comme tous les esprits vraiment supérieurs, Daniel était à la fois humble et simple.

En vérité, j'aimais Daniel.

Un jour, je lui avais raconté une blague juive qu'il avait beaucoup appréciée – nous aimions bien une certaine catégorie de blagues juives, disons les blagues juives à dimension philosophique. C'est le congrès mondial des talmudistes à Jérusalem. La sommité du congrès sort, flanqué de son assistant, lui-même pourtant un immense docteur de la Loi. Ils s'engouffrent dans un taxi. Et puis la sommité se prend la tête dans les mains et dit : « Je ne suis rien. » Alors son assistant, lui-même pourtant une étoile, dit : « Mais si toi, ô grand maître, tu n'es rien, alors moi, je suis moins que rien. » À ce moment-là, le chauffeur avec sa calotte en laine tricotée se retourne et s'exclame : « Mais enfin, si toi, l'immense maître, tu n'es rien, et toi, le très grand maître, tu es moins que rien, alors moi, je suis moins que moins que rien. » Alors la sommité mondiale du Talmud se tourne vers son assistant et lui dit : « Mais pour qui il se prend, celui-là ? »

Daniel Cohen l'universel

Lotfi Maktouf, fondateur et président d'Almadanya

À en juger par la plupart des hommages rendus à Daniel Cohen, centrés sur ses réflexions, ses positions, son action et sa pédagogie en France, il semble qu'une partie de ses travaux à l'international demeure quelque peu méconnue.

Ayant connu Dani quasi exclusivement à l'international, je tenais à apporter ce modeste témoignage afin que sa contribution hors de l'Hexagone soit appréciée à sa juste valeur.

En effet, Dani jouissait dans le monde d'une grande aura, que ce soit dans le domaine académique, institutionnel, industriel ou financier. Par ailleurs, son nom était synonyme d'allié parmi les pays de ce qui est communément appelé aujourd'hui le *Global South.*

Prenons l'exemple de la dette souveraine. L'approche qu'empruntait Dani dans ses échanges avec les institutions multilatérales ou encore auprès des responsables des pays endettés associait toujours la dimension technique économique à la réalité humaine, géopolitique et stratégique de la question. Dans ses analyses ou ses conseils, il avait ce talent de naviguer avec une facilité déconcertante entre les emprunts, les taux d'intérêt, la capacité de servir la dette ou sa restructuration d'un côté et la condition humaine du fermier, de la ménagère, de l'enfant en montagne ou dans l'arrière-pays de l'autre.

Ayant été témoin de certains de ces échanges, j'ai pu observer le don du pédagogue monter en puissance et convaincre des décideurs de grande envergure avec souplesse et grande clarté.

Dani n'était pas le seul économiste (faute de titre plus adapté à ses qualifications) à maîtriser pleinement la sophistication de la pensée économique ou les outils statistiques. Ce qui le distinguait des autres était sa capacité à transcender le cadre restreint de l'économique pour mieux comprendre la réalité dans sa globalité et ainsi formuler les bonnes recommandations de politique et de stratégie de réforme.

Je me souviendrai toujours de nos débats et discussions d'il y a plus de quarante ans. Notre petite « bande » de Tunisiens se réunissait souvent le vendredi soir autour d'un couscous sur le campus de Harvard. Laurent Cohen-Tanugi et l'auteur de ces lignes étions étudiants à la Law School, Stéphane Dana au MIT, et Daniel, notre aîné, était déjà un éminent chercheur au département économique de Harvard.

Et c'était toujours Dani qui donnait le ton : ses idées étaient brillamment lancées à table, tel un ballon sur un terrain de football. On pouvait toujours jouer à loisir, mais en fin de partie, c'est Dani qui reprenait le ballon et décrétait « scientifiquement » qui avait gagné et qui avait perdu.

Quelques semaines après la révolution de jasmin de janvier 2011 et le début du printemps arabe, Dani était assis en face de moi dans l'un des salons du Lutétia en présence de Hamouda Chekir, mon compatriote et un de ses poulains.

Dani m'a d'abord félicité pour mon initiative d'avoir déjà créé une fondation pour l'éducation des enfants en zones rurales en Tunisie. Il m'a ensuite «intimé l'ordre» de rentrer au pays pour lancer ma campagne électorale pour la présidence maintenant que le pays était démocratique.

J'avais beau expliquer que le moment n'était peut-être pas propice et qu'il y avait d'autres moyens d'accompagner le mouvement, l'équation de Dani était inattaquable parce que comme tout ce qu'il signait, c'était avancé avec la générosité du cœur.

Assis auprès de sa famille et parmi ses amis, toutes ces pensées m'étaient revenues et je me demandais pourquoi finalement Dani était si attachant et si charismatique en France comme dans le monde. La réponse finit par apparaître toute simple : Dani était économiste de cœur ; sa spécialité et sa passion étaient l'humain, l'économie accessoirement.

Dominique Proust

« Ne me pleurez pas plus longtemps, quand je serai mort, que vous n'entendrez la lente lugubre cloche, donnant avis au monde que j'ai fui, du monde vil pour habiter au monde encore plus vil.

Non, ne rappelez pas, si vous lisez ma ligne, la main qui l'a écrite ; tellement je vous aime, que dans vos doux pensers voudrais être oublié, si de penser sur moi vous ferait lamenter.

Oh, je dis, si vous regardez ce poème, alors que je serai confondu à la glaise, n'allez point jusqu'à redire mon pauvre nom, mais laissez votre amour avec ma vie périr ;

De peur que le bon monde ait regard sur vos peines, et vous raille de moi quand vous serez parti[1]. »

---

1. William Shakespeare, « Sonnet LXXI », *Sonnets*, Poésie/Gallimard, dans la traduction de Pierre Jean Jouve.

Daniel Forever

Laurent Cohen-Tanugi, avocat et essayiste

« L'économiste Daniel Cohen est mort à l'âge de 70 ans » : cette alerte du *Monde* s'affichant sur mon iPhone en cet après-midi d'août m'avait laissé interdit, stupéfait. Ayant revu Daniel quelques mois auparavant et dans l'ignorance de sa maladie survenue peu après, j'ai pensé à un tragique accident. Mais en vérité, je n'arrivais pas à y croire : Daniel était la vie même, et plus que pour toute autre personne, la pensée de sa mort paraissait surréaliste, une contradiction dans les termes, un oxymore.

J'ai été comme beaucoup extraordinairement ému et inspiré par les hommages exceptionnels qui lui ont été rendus, tant par ses proches que par ses anciens étudiants. Tout ayant été dit sur ses qualités humaines et intellectuelles et sur ses réalisations, voici quelques échos de mes propres liens d'amitié avec Daniel, bien antérieurs à sa notoriété académique et professionnelle.

Nous nous sommes en effet rencontrés il y a un peu plus de quarante ans, non pas rue d'Ulm, où il avait intégré l'ENS quelques années avant moi, mais à Harvard en 1981. Il y parachevait sa formation en économie, moi en droit.

Avec Stéphane Dana au MIT, Lotfi Maktouf à la Law School, Stéphane Berrebi à la Business School, nous formions le « Clan des Tunisiens ».

Au point que Jodie, la jeune Américaine qui allait devenir ma femme, en était venue à se demander si tous les étudiants français de Harvard étaient en réalité des juifs tunisiens…

Bien que Daniel et moi ne nous soyons pas connus enfants en Tunisie, c'était tout comme : une manière de retrouvailles dans le cocon cambridgien. On discutait des choses qui comptent – famille, aspirations professionnelles, affaires de cœur, l'Amérique et la France… –, on partageait des couscous, on rigolait… Et depuis lors, ce Daniel intime est toujours et avant tout demeuré pour moi un juif tunisien, exceptionnellement brillant, cultivé, drôle, mais souvent aussi assailli de doutes et pétri de contradictions. C'était son côté ashkénaze, Woody Allen si on veut, confirmé depuis par ses penchants littéraires.

Comme pour beaucoup d'entre nous, ce passage par les États-Unis a eu pour Daniel une vertu. Il a non seulement favorisé sa créativité et déterminé son avenir, mais il lui a inspiré le projet de l'École d'économie de Paris, qui restera comme sa grande œuvre. Et Daniel a su faire partager cette expérience déterminante, en envoyant ses meilleurs étudiants vers Harvard et le MIT, avec le succès que l'on sait.

De retour à Paris, j'ai eu le plaisir de connaître sa famille et ses plus proches amis, Pierre et Marie-Hélène Ewenczyk, Michel Marian, Laury Coenca, et bien sûr Anne…

Plus tard, les circonstances de la vie et nos multiples activités respectives nous ont un peu éloignés, ce que je regrette d'autant plus aujourd'hui. Mais lorsque nous nous retrouvions, pour parler de dettes souveraines avec Elena, ma compagne, spécialiste de la matière, ou à l'occasion du spectacle de Martine, la complicité reprenait naturellement ses droits.

Je me souviens tout particulièrement d'une discussion passionnée rue d'Ulm il y a quelques années sur les mérites comparés de Dylan et de Leonard Cohen pour l'attribution du prix Nobel de littérature. Tous deux inconditionnels de l'un comme de l'autre, nous étions cependant, je crois, tombés d'accord pour regretter que la distinction ne soit pas revenue à Leonard, disparu peu de temps auparavant.

La vie brutalement interrompue de Daniel et la figure qui transparaît de l'hommage exceptionnel qui lui a été rendu offrent à chacun d'entre nous matière à réflexion autant qu'elles nous inspirent. Il a, me semble-t-il, rempli à merveille l'une des missions sacrées du judaïsme : la création et la transmission aux jeunes générations d'un héritage lumineux.

Un gage d'éternité.

À Daniel

Bernard Spitz, président des Gracques et de France Assureurs

Pour chacun de nous – ou pour ceux qui n'ont pu venir et se joignent par la pensée –, il y a d'abord l'infinie tristesse. Et puis il y a le deuil que nous portons, ensemble. Le deuil de toute une génération. La nôtre.

Le deuil des amitiés si diverses et fidèles, nouées avec Daniel au fil des décennies ; le deuil des complicités intellectuelles soudées autour d'une gauche rêvée, qu'avec lui nous avons vu vaciller puis sombrer ; le deuil de l'intelligence en action pour tous ceux qui ont travaillé avec lui dans la sphère financière ou le monde académique.

Et bien sûr – et d'abord –, nous partageons le deuil d'une famille, tant c'est l'amour familial qu'il portait au plus haut, chère Martine, chère Pauline, chère Clara, cher Michel.

Daniel était l'un des derniers maillons d'une chaîne née au siècle des Lumières qui s'est peu à peu disloquée : celle des intellectuels universels.

Universel parce qu'il traitait des sujets les plus divers en leur apportant son éclairage personnel, pertinent et souvent ludique, car, si Daniel était un maître, c'était un maître qui ne se prenait pas au sérieux.

Universel aussi, parce que sa curiosité et son ouverture d'esprit l'écartaient des visions doctrinales pour accueillir avec bienveillance toutes les idées, même différentes des siennes.

Universel enfin, parce qu'il savait captiver aussi bien ses étudiants que débattre avec des scientifiques ou s'adresser au grand public par ses articles, ses émissions de télé… et ses livres à succès dans l'équipe de double éditorial imbattable qu'il constituait avec Alexandre Wickham.

Daniel n'était pas un maître-penseur, plutôt un maître-passeur. Il incarnait et portait l'intelligence. Il partait de la réflexion pour ensuite inspirer, encourager et transmettre. Le professeur ne professait pas. Il expliquait, il accompagnait et le plus souvent, il ouvrait la voie.

Il y avait le style Daniel, nous le connaissons tous. Si drôle quand il racontait des histoires, si vif quand il débattait. Capable de parler avec les mains à en écœurer les Italiens, jouant de la voix et du corps, grimpant dans les aigus pour redescendre dans les graves, accélérant le débit de ses mots comme personne : des montagnes russes verbales accompagnées de mimiques dignes de la commedia dell'arte pour surjouer l'incrédulité ou l'indignation ; jusqu'au moment de claquer son rire inimitable pour balayer l'argument adverse. Le tout avec une totale gentillesse, un sens permanent de l'humour et de la dérision, et la jubilation de l'amateur de joute intellectuelle qu'il était.

Tout cela sans jamais lâcher le fil de son propos, même pas pour respirer. Ce qui fait qu'interrompre Daniel était aussi difficile – et sans doute aussi vain – que de monter au filet face à Roger Federer.

Il y avait la générosité Daniel. Celle qui lui faisait donner du temps à ses étudiants, ses amis, tous ceux dont il a permis de faire éclore le talent. Il fut l'âme et l'esprit de l'École d'économie de Paris avant d'en devenir le président en entraînant dans son sillage nombre de jeunes économistes, en France comme dans le monde, où son nom fait référence.

Sa réflexion intégrait tant les fondamentaux de l'économie, de la croissance, de la dette publique que les transformations complexes de la société. C'est grâce à cette combinaison d'intelligence économique, de clairvoyance macro et d'engagement social qu'il a convaincu et conseillé tant de dirigeants de tous pays.

J'ai parlé du deuil de toute une génération, parce que Daniel était la clé de voûte intellectuelle de la nôtre.

Un infatigable producteur d'énergie et de propositions, veillant à associer réflexion et action. Beaucoup de nous l'avions rencontré dans les années 1980, autour de la promesse, chère à nos 20 ans, d'une gauche débarrassée des vieux oripeaux du marxisme. Nous rêvions d'inventer une alternative social-démocrate moderne et européenne dans le sillage de Michel Rocard. « Pour en finir avec l'archaïsme », tel était notre programme, « Parler vrai » notre étendard, et Daniel notre agitateur d'idées préféré. Passionné de politique – bien que pronostiqueur fragile, il en riait lui-même –, il ne s'est jamais résigné à voir nos idéaux de jeunesse abîmés par l'incompétence ou la démagogie.

Alors, pendant plusieurs décennies, que ce soit dans les sous-pentes du magazine *L'Étudiant* de René Silvestre ou sur les pentes de la station des Arcs avec Roger Godino qui nous regarde depuis les étoiles, nous débattions inlassablement. Avec Michel Rocard, bien sûr. Avec Jacques Mistral, seul capable de le challenger dans ses équations mathématiques, et tant d'autres que je voudrais toutes et tous citer. Les concepts qu'il a lancés sont devenus réalités : la CSG, le RMI et bien d'autres. Daniel est resté depuis un inspirateur pour les politiques et les think tanks français dont les Gracques, avec une implication particulière dans la Fondation Jean-Jaurès.

Comme toujours, il s'engageait pour influencer le cours des choses.

Voilà pourquoi nous sommes inconsolables.

Chacun de nous a connu son lot de drames personnels. Mais ce que suscite la disparition de Daniel est plus qu'une somme de chagrins individuels. C'est un deuil collectif.

Nous avons déjà perdu les aînés qui nous inspiraient depuis notre jeunesse. Avec tristesse, mais eux étaient la génération d'avant. Cette fois, c'est l'un des nôtres, le meilleur peut être, le plus jeune d'esprit et le plus expérimenté, le plus lucide et le plus idéaliste, le plus ashkénaze des séfarades, qui s'en est allé.

C'est pourquoi l'émotion et la peine que nous ressentons est si largement partagée, sans considération aucune de politique, de profession, de fortune, d'idéologie ou de croyance. Son départ sonne le glas pour toute notre génération.

À la question fondamentale : « Pourquoi combattons-nous ? », Daniel, en partant, nous rappelle que le temps nous est compté et que plus que jamais il ne faut rien lâcher : aimer les nôtres et continuer inlassablement, en hommes et en femmes libres, à ouvrir la voie aux jeunes qui prendront le relais.

Sans toi, Daniel, ça sera plus dur.

Mais nous te le devons.

Sandrine Treiner,
ancienne directrice de France Culture

Après nous être connus dans les coulisses d'un plateau de télévision, Daniel et moi sommes devenus amis, dépassant les conventions qui régissent généralement les relations entre nos deux mondes. Par amitié, il avait accepté un fil à la patte radiophonique certains dimanches à France Culture. L'heure passée, je m'en souviens, il filait déjeuner chez sa mère.

L'amitié est une reconnaissance. À une occasion dont je ne me souviens pas, qui nous a sans doute échappés sur le moment, elle nous a gagnés et ne nous a plus quittés. Il y a des jours de chance.

Je l'écris pour ma part avec toute l'humilité nécessaire. Nous avions une même manière de considérer que l'amitié demande du temps, de la régularité et parfois des efforts. Une seule fois, j'ai voulu reporter un rendez-vous. Il m'a répondu aussitôt par SMS : « On n'annule pas un rendez-vous entre nous. » J'y suis allée.

Nous avions des codes et des rites. Deux lieux, en alternance. Nous nous retrouvions à 13 heures précises, et nous nous quittions à 14 h 45. Jamais nous ne nous sommes vus à un autre horaire tous les deux. Nous gardions à portée de main nos téléphones si jamais Pauline (pour lui), Anna ou Théo (pour moi) appelaient. En revanche, nous laissions au vestiaire les petits soucis du quotidien, les irritations, les méchants, le commentaire des choses pour nous concentrer sur ce qui est devenu, avec le temps, comme une manière de réfléchir à voix haute l'un face à l'autre. J'adorais l'écouter, l'interroger, le contredire. Il me poussait dans mes retranchements. J'en étais infiniment reconnaissante. Avec lui, j'étais plus forte et plus intelligente.

Nous parlions des livres : ceux que nous projetions, écrivions, ceux dont nous rêvions. Nous nous racontions aussi les livres que nous lisions. C'était notre manière pudique de parler de nous et que je partage pour que d'autres prolongent la chaîne de lecture et d'affinités électives.

Je me souviens de la passion avec laquelle Daniel m'a raconté *Les Frères Ashkenazi*, le roman de d'Israël Joshua Singer, pas le Prix Nobel (Isaac Bashevis) mais son aîné mort prématurément en 1944 à New York, dévasté par l'annonce de la Shoah. Deux frères, une femme, la ville de Lodz en Pologne, les contradictions entre modernité et tradition, la religion juive. La relation entre les deux frères Singer le fascinait aussi, comment l'un, le plus jeune, avait prolongé l'œuvre de l'autre après sa disparition pour même la dépasser. Une mise en abyme de la fraternité, qui passionnait Daniel.

Je me souviens aussi comme il était sidéré que je n'ai pas lu *L'Homme de Kiev* de Bernard Malamud. « Une histoire juive qui finit bien, c'est un sujet pour toi », m'avait-il dit.

Il savait, comme le rappelle Jonathan Safran Foer dans sa préface au roman de Malamud, que les chefs-d'œuvre changent le monde, parce qu'ils nous donnent le désir puissant d'agir pour changer le monde. À travers ses goûts pour les grands livres de la littérature, Daniel était un juif ashkénaze. Il avait presque tout pour l'être, du reste, lui disais-je souvent, sauf la psychanalyse à laquelle il ne comprenait rien. Il me prétendait ne croire ni à l'inconscient ni à l'Œdipe. Il était prêt à tout comprendre, sauf la pratique de la cure. Il forçait le trait… un peu. C'était drôle.

Dans la vie, il était d'origine juive et tunisienne. Tandis que j'écrivais un récit d'enquête sur les traces d'une femme de ma famille, révolutionnaire de Bessarabie, disparue dans les purges staliniennes, il m'a raconté un épisode de sa vie que j'ai mis avec son accord dans mon livre. Il m'avait fait monter les larmes aux yeux.

Daniel était un esprit en mouvement perpétuel. Je n'arrive pas à me figurer qu'il ne me racontera plus ses lectures, ses découvertes, ses livres en train de s'écrire. Que je ne l'écouterai plus enchaîner les idées, développer des théories, associer des références que nul autre que lui n'aurait songé à conjuguer ensemble, pousser toujours plus loin sa pensée. Que je continuerai à écrire des livres dont je ne lui parlerai plus. Tout sera tellement moins bien. Son exigence, sa présence, son regard me manquent. Il faudra grandir et apprendre à nous passer de ses encouragements.

« C'est injuste », a dit ma mère lorsqu'elle a appris qu'elle avait un mauvais cancer. Ma mère savait exprimer simplement les choses les plus terribles. J'ai alors pensé que c'était la phrase la plus juste qu'elle pouvait me dire. Mon père l'a prononcée à son tour au cimetière de Bagneux. Je reprends les mots de ma mère : la mort de Daniel, c'est injuste.

L'ardeur d'enseigner, la passion de débattre et la constance du bâtisseur

Monique Canto-Sperber, philosophe,
ancienne directrice de l'ENS

Daniel Cohen a été élu professeur d'économie à l'École normale supérieure en 1991, poste qu'il occupa quasi jusqu'à son décès, consacrant la plus grande part de sa vie à l'enseignement et à la recherche. Ces termes sont à entendre dans leur sens le plus riche. Car à l'occasion de chaque cours, devant chaque public d'étudiants, Daniel Cohen cherchait à transmettre connaissances et réflexions de façon qu'elles restent vivantes, d'une manière ou d'une autre, au fondement de tout ce que ses étudiants apprendraient après. Daniel y veillait, son intelligence en alerte et, au moment même où il enseignait, il percevait les réactions, rajoutait un exemple, reformulait une phrase, reprenait la démonstration, il ne lâchait pas son public, jusqu'à ce qu'il sente que c'était bien transmis.

La vivacité particulière de l'enseignement de Daniel Cohen venait de ses recherches. Sa passion intellectuelle était d'avancer une thèse, de travailler sur des données, de chercher des preuves et de démontrer par des arguments. Daniel y montrait une inventivité et une capacité d'influence que bien des chercheurs pourraient lui envier. Il avait choisi une autre façon de faire de la recherche que celle qui prévaut parfois, du moins si l'on songe aux règles de publication et de diffusion qui se sont imposées au cours des dernières décennies. Daniel publiait en anglais, mais pas systématiquement, il ne travaillait pas à cinq *papers* à la fois avec des coauteurs répartis dans le monde entier, il ne partait pas d'un corpus de données sans savoir quelle thèse il pourrait étayer sur elles. Il aurait pu le faire, mais il a préféré une autre façon de diffuser ses idées et d'ouvrir des brèches. Il a choisi d'écrire des livres afin que ses travaux soient lus au-delà même du Cercle des économistes, il voulait atteindre ses lecteurs, leur donner des clés de compréhension et influencer les décisions publiques. Ses articles, ses livres ont été tous abondamment cités et commentés, ils le seront encore longtemps.

Le rayonnement public attaché à sa personnalité était également dû au fait que sa recherche se nourrissait à de multiples sources. Même ses travaux les plus techniques étaient irrigués par ses découvertes de lecture, car Daniel œuvrait au sein d'un vaste paysage de pensées où l'on trouvait des analyses sociologiques, de larges séquences d'histoire des idées, des ensembles de concepts et un foisonnement culturel, qui allait des stratégies urbaines jusqu'aux paroles de chanteurs pop. Il prolongeait la tradition des penseurs qui brassent les problèmes économiques avec les multiples dimensions de la vie concrète, de Max Weber à John Maynard Keynes. Ces livres sont encore lus aujourd'hui, comme le seront ceux de Daniel Cohen, scellant les vocations de nombreux futurs chercheurs.

Enseignement, recherche, interventions publiques, quel qu'ait été le sujet, Daniel se donnait tout entier, il s'exposait à fond, pour lui rien n'était insignifiant, joué ou dissimulé. Il pouvait être exigeant, implacable, mais il était impossible de lui en vouloir parce qu'il réactualisait, à chaque discussion, un contact direct de pensée, il ranimait une source vive d'intelligence commune, ce qui est rare, même parmi les professionnels de l'intellect, et l'on en sortait tout revigoré.

Daniel Cohen était aussi un bâtisseur qui comprenait en profondeur le rôle des institutions de savoir. Directrice de l'ENS en 2005, puis présidente de PSL jusqu'en 2015, je l'ai à maintes reprises constaté. Il était convaincu que le déploiement de la recherche et de l'enseignement dépendait largement de l'organisation institutionnelle, qui va bien au-delà de l'administration puisqu'elle constitue le levier qui permet la mobilisation des moyens matériels et intellectuels. En 2006, grâce à la détermination de Thomas Piketty et le soutien sans faille de Bruno Le Maire, l'École d'économie de Paris (qui regroupait les enseignants et chercheurs de l'ENS, les économistes de Paris-I, de l'EHESS et d'autres institutions) fut créée. Après une période initiale de tensions vite surmontées, les intérêts respectifs de l'École d'économie de Paris (EEP) et de l'ENS, que je représentais, n'étant pas d'emblée en phase, l'EEP s'est imposée dans la recherche économique française. L'obtention des financements pour la construction du magnifique bâtiment qui fut inauguré en 2016, comme la conduite du chantier nous ont donné de nombreuses occasions de travailler ensemble. De cette période, je garde le vif souvenir d'un épisode plus dramatique. En 2011, l'EEP fut poussée, pour des raisons liées à la réorganisation de la recherche en Île-de-France, à quitter le boulevard Jourdan et à s'installer à Aubervilliers sur le campus Condorcet. La quasi-totalité du conseil d'administration avait approuvé cette proposition. Je m'y étais opposée car elle privait l'ENS de toute possibilité de développement en économie et sciences sociales. Daniel aussi était résolument contre, cela nous paraissait à tous deux une fausse bonne idée qui détournerait de l'EEP, une fois installée sur le campus Condorcet, les étudiants mathématiciens de l'ENS et des autres institutions parisiennes. Nous avons eu gain de cause, l'EEP est restée à Jourdan. Mais au cours de cet épisode conflictuel, Daniel n'a jamais cédé. Quand je lui demandai peu après si notre opposition n'avait pas été trop coûteuse pour lui, comme elle l'avait été pour moi, il répondit : « Laisse tomber, c'est déjà oublié. Bientôt on dira que l'EEP n'a jamais voulu quitter Jourdan. » Au moment de son décès, Daniel Cohen était le président de l'École d'économie de Paris.

L'attachement de Daniel Cohen à l'École normale supérieure était vif, sincère et sans préjugés. Au moment de la création de Paris Sciences et Lettres, j'ai tenu à lui faire part de mon souhait de rassembler plusieurs institutions proches de l'ENS, pour créer une université d'un type nouveau fondée sur la formation par la recherche et l'exploration de nouveaux modes de déploiement de la recherche. Je me souviens que lui et moi étions enfoncés dans les fauteuils de velours rouge du bar du Lutétia, je me rappelle encore ses « Oui, oui », pour hâter la fin de mon exposé et, alors que je reprenais mon souffle, son « C'est génial ! », les yeux écarquillés, le haut du visage froncé et les traits immobilisés pendant une fraction de seconde (ceux qui ont bien connu Daniel ont le souvenir de cette expression si caractéristique, et savent combien d'ironie il y avait dans son « C'est génial ! »). Daniel reprend alors l'exposé, donne une nouvelle logique à l'idée, dessine des perspectives de partenariats et, après deux minutes trépidantes d'intelligence, conclut : « C'est ça ? » J'ai acquiescé sobrement. Une allusion lui suffisait, il comprenait aussitôt l'ensemble.

Dans ses engagements politiques, Daniel a montré une remarquable constante, il n'a jamais varié ni papillonné d'un camp à l'autre, malgré les déceptions intermittentes. La fidélité était un trait de son caractère. Il l'a montré dans sa vie publique et dans sa vie privée, par l'amour qu'il portait à son épouse, à Pauline et à Clara, et la fierté avec laquelle il parlait d'elles. Dans les discussions, dans les projets, dans la vie, il tranchait vite, ne perdait pas de temps, il jugeait de la valeur d'une idée, qu'il avait le talent de résumer en une formule, avant même parfois de l'avoir entendue en entier : « C'est ce que tu veux dire ? » Il n'aimait pas qu'on tourne autour de sa propre pensée. Parmi les plus exaltants moments de ces rencontres étaient ceux où il parlait de ses découvertes intellectuelles comme les livres de Jared Diamond ou *Le Suicide* de Durkheim. Daniel vivait dans une abondance d'idées et de cultures, il en nourrissait passionnément ses échanges avec ses amis et il faisait de chaque discussion une affaire vitale au point qu'il est impossible de penser que la conversation avec lui puisse s'achever. Aujourd'hui encore, sa présence est plus évidente que son absence. Pourtant cette absence est un fait depuis le 20 août dernier, un fait qui, bien réel, n'est encore possible, du moins pour ceux qui continuent d'une façon ou d'une autre à discuter en pensée avec lui. Cela n'a rien de paradoxal : Daniel était sans pareil, il le reste.

Marie-Hélène Zerah, médecin

Mon cher Michel,

Nous sommes nés dans un pays de soleil et de jasmin à l'aube de la décolonisation. Nous avons été élevés par des couples modernes et intelligents passionnés de politique, par des pères brillants. Et lorsqu'à l'intelligence s'ajoute la transmission du respect de la France, de la culture, du siècle des Lumières, des livres, des textes et de l'enseignement classique, des gosses brillantissimes comme Daniel et toi sont révélés.

Nous n'avons jamais été élevés dans l'ambition de l'argent mais dans l'ambition de l'égalité sociale, dans l'ambition de l'étude.

La France perd un professeur exceptionnel mais nous, nous pleurons un cousin dont on est sûrs qu'on a été pétris dans la même glaise avec, pour vous deux, les garçons de Suzie et Fanfan, encore plus d'intelligence que nous tous.

Il y a eu donc des familles semblables : les Nahum, les Chiche, les Perez, les Tibi, les Zerah. Ainsi chacun à notre échelle, il n'y a que nous qui savons.

Les yeux noirs et brillants de Dan, les discussions à Paris ou dans une ville de Méditerranée, ses réponses qui nous faisaient penser qu'on pouvait un peu mieux comprendre, sa tête un peu penchée, son sourire, son humour.

Toutes mes condoléances, mon Michel.

LA FAMILLE

Hommage à mon frère

Michel Cohen

Depuis le jour de ma naissance, j'ai toujours vécu avec la présence de mon frère.

De mon grand frère Daniel, je précise, car je sais à quel point il aimait qu'on nous pose la question : « Lequel des deux est le grand frère ? » même si nous avions sept ans d'écart.

Enfants, c'était surtout une présence physique. Nous dormions quasiment dans la même chambre et Dan, qui avait déjà le sommeil léger, m'empêchait de respirer trop fort le matin ; je devais sortir en apnée de la chambre sur la pointe des pieds et surtout ne pas chanter au petit déjeuner. Dan et moi étions une paire de frères, et chacun était un peu le père-pair de l'autre.

Mon frère Daniel est le dernier des Cohen à être né en Tunisie où, d'après notre père, notre famille était installée depuis plus de deux mille ans.

Cela lui a valu d'ailleurs une méprise épouvantable quand l'ambassadeur de Tunisie l'a invité pour lui remettre une médaille de citoyen d'honneur avant de se rendre compte qu'il s'était trompé de Daniel Cohen et l'avait confondu avec son homonyme biologiste.

Quand mon frère est arrivé en France avec mes parents, ils ont vécu dans une pension de famille rue des Écoles, face à l'École polytechnique. C'est là que mon père a décidé que mon frère ferait Polytechnique – alors que tous ses cousins se destinaient à la médecine.

Nous avons eu la chance d'être élevés par des parents intelligents qui nous ont donné le goût du savoir, des livres, de la liberté, le respect de la République française et de ses institutions. Nous n'avons jamais été élevés dans l'amour de l'argent, mais dans l'amour des études et de la transmission. Dans notre culture, l'homme « sage » est celui qui s'ouvre aux autres, qui crée du lien avec autrui et ne s'enferme pas dans sa tour d'ivoire. Mon frère a passé sa vie à s'ouvrir au monde et à ouvrir le monde à l'économie. En cela c'était un sage, tout comme mon père médecin avant lui. On a dit de mon frère qu'il était un « grand médecin généraliste de l'économie », rien n'aurait pu faire davantage plaisir à mon père.

Mon frère et moi avons aussi été entourés de tout l'amour et de la bienveillance de nos oncles qui étaient tellement présents dans notre éducation, chacun à leur façon, un peu comme les « Valeureux » d'Albert Cohen. Mon oncle Marcel et ma tante Annie nous ont transmis leur sens de la bienveillance et de la générosité. Mon oncle André son goût du combat politique et de la joute verbale. Mon oncle Miro son sens de l'humour et de la fantaisie (avec son côté Woody Allen et Groucho Marx). Je le dis pour ma nièce Pauline qui sait qu'elle pourra toujours compter sur moi, en toutes circonstances. Je le dis aussi pour mes enfants David, Julien et Hanna, qui ont perdu un oncle bienveillant qui les a entourés d'amour. Un oncle protecteur qui a été un modèle d'inspiration, un complice, une immense source de lumière intellectuelle – je pense notamment à toutes ces vacances passées ensemble où il pouvait débattre avec nous de n'importe quel sujet (comme l'impact de la prostitution sur le PIB). Je repense aussi à cette tradition des fêtes de fin d'année où mon frère nous offrait à chacun un livre personnalisé choisi parmi ses auteurs préférés : Kundera, Proust, Vargas Llosa…

Mon frère a été dévasté par la mort de notre père, comme nous sommes dévastés par sa mort aujourd'hui. C'est là que j'ai réalisé à quel point il l'aimait sans lui avoir toujours montré de son vivant.

Car mon frère était un rebelle dans l'âme avec un esprit de contradiction solidement ancré. Et comme mon père avait aussi l'esprit de contradiction, ces deux pôles négatifs se sont transformés en une formidable énergie positive qui a propulsé sa carrière vers les sommets.

La carrière de mon frère est née d'un article de Jean-Jacques Servan-Schreiber dans le journal *L'Express* où il prédisait que l'avenir appartenait aux économistes. Mon père a donc voulu que mon frère devienne économiste. Heureusement que JJSS n'a pas écrit que l'avenir appartenait aux cosmonautes, sinon mon frère aurait passé sa vie dans l'espace et aurait sans doute déjà colonisé la planète Mars !

En Mai 68, il avait 15 ans, et nous regardions ensemble les manifestations par la fenêtre. Mon père l'avait empêché de jeter des pavés sur les barricades et je crois que cette frustration l'a conduit à jeter des pavés toute sa vie sur l'ordre établi et toutes formes d'idées reçues.

Après une prépa avec son meilleur ami de toujours Laury qu'il aimait tant, il a été reçu à l'École polytechnique et à Normale sup, et a choisi d'aller à Normale sup, encore par esprit de contradiction… Du coup, alors que j'étais moi-même reçu à Normale sup quelques années plus tard, j'ai dû prendre « sa place » à Polytechnique, comme disait mon père, pour réaliser le rêve paternel de la rue des Écoles.

Normale sup était la maison de mon frère. Cette école lui a tellement apporté et il lui a tellement donné. C'est là que son intelligence fulgurante a trouvé le terrain propice pour s'épanouir. Je me souviens de sa bande de copains intellos gauchistes : Michel, Suzanne, José, Ted, Guy… pardon si je ne peux pas tous les citer. Ensemble, ils étaient vraiment « Les Fantastiques », voulaient « bouffer les fachos » et refaire le monde. Car mon frère voulait changer le monde… à tel point qu'un jour mon père a dû aller le chercher au poste de police qui l'avait arrêté parce qu'il distribuait des tracts incendiaires à la sortie des usines Renault.

Je suis retourné récemment dans le bureau du directeur de l'École normale supérieure rue d'Ulm, j'ai franchi le portail, j'ai revu la cour d'entrée, la fontaine avec ses poissons rouges, les escaliers en bois et j'ai repensé à ce mois de septembre 1973, il y a très exactement cinquante ans, où j'accompagnais mon frère à Normale sup pour la première fois. Il venait d'être admis dans cette école qui allait changer sa vie. Il avait un sentiment d'euphorie, une joie immense, un peu d'incrédulité aussi, comme un rêve qui se réalise après tant d'efforts, un immense respect pour l'institution, presque un peu écrasante, cette école synonyme d'émancipation, d'ouverture, d'intelligence et de liberté.

Aujourd'hui, c'est donc en quelque sorte le jubilé de mon frère à l'École normale supérieure. Le jubilé, avant de devenir le défilé en carrosse de la reine d'Angleterre, c'est à l'origine une tradition hébraïque millénaire qui voulait que tous les cinquante ans on sonne le chofar[1] et on annule toutes les dettes, tous les gages, toutes les hypothèques, qu'on restitue les héritages et les terres à leurs anciens propriétaires... C'est un clin d'œil, une pratique voire une utopie qui aurait plu à mon frère, lui qui a travaillé toute sa vie sur les questions de dettes.

Toujours par esprit de contradiction, mon frère a failli échapper à son destin en se dirigeant vers les mathématiques et en passant son agrégation de maths.

Puis la rencontre avec Anne qui a tellement compté pour lui, puis le service militaire en coopération à Caracas, puis la rencontre avec Jeff Sachs à Harvard... et comme Jonas dans le ventre de la baleine, la prophétie s'est enfin réalisée, et mon frère est devenu le « prophète (non-égaré) des temps nouveaux » qu'on connaît, l'un des plus grands économistes de son temps.

Il a fait du département d'économie de Normale sup l'un des meilleurs du monde. Il a contribué à la création de l'École d'économie de Paris qui est une référence mondiale. Il a conseillé passionnément – notamment à la banque Lazard – des gouvernements, des banques centrales, des ministres, des présidents. Il adorait ses élèves dont il était si fier. Les « bébés Cohen » comme les appelle le président Emmanuel Macron. Ses élèves étaient ses pépites d'or, et c'est par leur rayonnement qu'il aura l'impact le

1. Le mot « jubilé » vient de l'hébreu *Yovel* (bélier) et le chofar est une corne de bélier.

plus important. Car il a formé des économistes parmi les plus brillants et les plus influents de leur génération, et notamment un prix Nobel – Esther Duflo que je remercie du fond du cœur pour tout ce qu'elle fait en sa mémoire, en présidant le jury d'attribution de la chaire d'économie et du prix d'économie Daniel-Cohen ou en préfaçant son prochain livre posthume.

Car mon frère a écrit des livres brillantissimes avec l'appui de ses éditeurs Perrine et Alexandre. On a tous notamment en tête la première phrase de son livre *Richesse du monde, pauvretés des nations* : « L'homme le plus pauvre du monde est une femme africaine. »

Et moi, je suis l'homme le plus riche et le plus chanceux du monde d'avoir été le petit frère de Daniel Cohen. Je le revendique, j'en suis tellement fier. Avec le recul, je pense que j'ai gaspillé tellement de temps dans ma vie que j'aurais préféré passer à ses côtés, pour l'écouter encore un peu plus. Car aujourd'hui j'ai perdu un frère, un père-pair et j'espère avoir su lui montrer de son vivant à quel point je l'aimais de toute mon âme et de tout mon cœur.

Enfin pour finir j'aimerais dire quelques mots aux femmes de la vie de mon frère : Maman, Martine et ses filles Pauline et Clara.

Maman, ce qui arrive est contre nature. Pour une mère, il n'y a pas d'âge pour perdre son fils. Je ne suis pas seulement immensément triste, mais je suis en colère. J'ai envie de hurler de douleur avec toi. Je suis profondément révolté contre l'injustice de cette maladie. Dan ne méritait pas ça. Toi non plus. Dan disait à l'hôpital qu'il « apprenait la maladie » ; comme toujours, il l'a apprise vite, trop vite. Comme tu me l'as dit, Dan a eu une vie immense, une belle vie, et il va tellement nous manquer. Maintenant, il faut que tu vives pour nous, pour tes petits-enfants et arrière-petits-enfants qui ont tellement besoin de toi.

Martine, tu as complètement transformé la vie de mon frère. Tu as éclairé l'univers austère d'un homme plongé dans ses bouquins en une vie joyeuse, une fête permanente de chaque instant. Tu lui as donné ses plus grands moments de bonheur. Tu l'as accompagné jusqu'à la fin avec un amour, un courage et un dévouement sans faille. Ses derniers mots à l'hôpital étaient pour dire à quel point il t'aimait. Je suis à tes côtés, je partage ton immense chagrin.

Pauline, Clara, mes chéries, il y a des moments de vérité dans la vie. Cette épreuve en est un. Dan et moi l'avons vécu avec la mort de notre père. Au-delà de la douleur, nous savions d'où nous venions, ce que mon père, mes oncles et ceux qui nous avaient précédés avaient fait pour nous. Nous savions qui nous étions, nos valeurs, ce que nous voulions transmettre et faire de notre vie. Clara, mon frère t'a tellement aimé, tu étais sa fille de cœur. Pauline, tu as été la plus grande joie de ton père qui t'a aimée plus que tout au monde. Tu as donné un sens à toute sa vie et il était si fier de toi. Je sais que tu seras digne de son héritage.

Le jour de l'enterrement de Dan, le rabbin Ariel Messas nous a rappelé qu'il y a deux types d'éternité de l'âme. Il y a l'éternité dans le ciel, et celle-là chacun se la représente à sa façon.

Et il y a l'éternité sur terre. Au travers de ce que mon frère a construit et nous a légué, ses enseignements, ses travaux, ses ouvrages. Cette éternité-là, c'est à chacun d'entre nous, à chacun d'entre vous de la faire vivre… pour sentir sa présence… pas sa présence physique, bien sûr, mais la présence bienveillante de son âme qui veille sur nous, qui nous couve de son regard doux, qui nous contredit en permanence pour nous faire voir la lumière, la lumière de mon frère chéri Dan qui brûle au cœur de chacun d'entre nous.

Martine Cohen, Pauline Cohen et Clara Bessis

Danny,

Tu as dit à Pauline que tu n'aimerais pas partir le dernier car il n'y aurait plus aucun de tes copains à ton enterrement.

On aurait préféré que la vie prenne moins au pied de la lettre cette expression.

Dimanche, Maman s'est exclamé : «Il ne peut décidément rien faire comme tout le monde !» Une réplique qui a dû te plaire.

Hier soir, en essayant d'écrire ces phrases impossibles, une madeleine surgit : sur une copie double grands carreaux, moi rue de Grenelle sur le tapis du salon qui te relis ma dissert' de philo et toi qui ajustes…

Cette fois-ci, la copie restera brute, un peu brouillon peut-être.

Danny, tu es notre coup de foudre.

Coup de foudre avec Maman, avec qui tu construis une vie extraordinaire au sens premier du terme où l'amour, l'humour et le contraste règnent. Vous êtes aussi amoureux qu'indépendants, solaires et solides.

Évidemment coup de foudre de Pauline, « ta vie », comme tu l'appelles.

Pauline qui nous regarde, assise avec ses grands yeux noirs, en cherchant dans son livre le gâteau caché.

Tu es son mentor, son phare. Vos discussions passent du b.a.-ba à de vrais débats, une complicité unique grandit chaque jour.

Et le mien, de coup de foudre.

Une surprise de la vie qui depuis mes 9 ans n'a généré que de l'amour et du bonheur, en plus.

Charles arrive, tu l'accueilles en vrai gendre, complice et interlocuteur sportif tant attendu.

Flavien apparaît aux côtés de Pauline, comme une force tranquille ; tu le découvres et le conseilles comme un fils.

Le printemps arrive et tes globules blancs déguerpissent, on est tous abasourdis, toi, le premier, en pleine forme.

Puis un long match commence, contre une situation surréaliste. Te voilà sous cloche, Maman te soumet des sélections de plaids pour adoucir ton lit d'hôpital, tu continues ta vie depuis ta chambre avec une détermination et un courage hors normes.

Tu échanges avec Pauline tous les jours, des grands comme des petits sujets, tu restes à l'écoute.

Maman veille, est là chaque jour à 11 heures, toute belle derrière son masque et sa blouse. Elle t'apporte tout ce dont tu as besoin, et surtout vous discutez vraiment. Ahuris face à cette vie suspendue, vous vous retrouvez.

Michou retrouve ton regard déterminé des concours.

Et nous, on se charge des *Tintin* et des Bic 4 couleurs.

C'est presque comme si on était dans le salon, sur le canapé, le temps passe vite, on repart.

Et c'est toujours en refermant la porte que chacun de nous se dit : « Mais c'est quand même fou. »

Roland et Charles sont tes traducteurs, nos précieux messagers.

Jusqu'au bout tu restes fort droit, beau et drôle.

Et nous voilà tous là, sans toi.

La semaine dernière tu as dit à Maman : « Peut-être que je devais partir le 22 mars et peut-être que Dieu nous a offert ce cadeau, cette parenthèse ensemble, regarde : on ne s'est jamais autant vus ! »

« On peut aussi le dire comme ça », pour reprendre ta réplique adorée.

« *I'm your man* », chante Leonard Cohen, ton Leonard.

Danny, tu es le *man*, le *mensch* de chacun d'entre nous ici, du plus petit au plus grand : tu nous as tous éclairés de ton mélange unique de curiosité sincère, d'intelligence profonde, de générosité et d'humour à toute épreuve.

Nous, on pleure, beaucoup.

Et les mots, eux, pleuvent partout.

Sur le papier, sur les écrans et sur les ondes.

Tous clament l'homme exceptionnel que tu es, le savoir que tu as partagé, toujours dans une précise simplicité.

Nous, tes « proches » comme nous appellent tous ces mots qui ruissellent, nous avons eu la chance de te connaître évidemment ainsi, mais aussi au quotidien, avec tout ce que cela peut avoir de concret, de vrai, de drôle, mais jamais d'ordinaire.

Ta position légendaire sur le canapé mi-couché, mi-assis.

Ton poste de contrôle en vacances à l'ombre sous un parasol, avec une pile de bouquins, un bloc et un stylo.

Ta passion du cinéma, puis des séries, de l'actuel au sens large, qui incluait tous nos amis avec qui tu aimais échanger.

Le tennis évidemment, avec une victoire dimanche qui a dû te faire plaisir.

Ton évidente complicité avec Sacha, ton émerveillement devant les sourires de Mira.

Ta façon unique de raconter la vie.

On pourrait continuer longtemps, et je suis certaine que chacun de nous le fera à sa façon.

Suzie, ta maman, a dit lundi : « Danny a eu une vie immense. »

Merci de nous avoir partagé de ton immensité.

On se sent un peu petits sans toi, mais tu nous as toujours montré la voie pour grandir, pour s'élancer, alors on va y aller.

Tu n'es plus là, mais tu seras toujours là.

Nous t'aimons si fort.

Tu l'as souvent dit, dans la vie comme au tennis, on gère une balle après l'autre.

C'est ce que nous essayons de faire chacune, chacun, pour entrevoir la vie d'après.

Nous nous le sommes promis avec Maman et Pauline, et nous vous le demandons à tous : nous n'arrêterons pas l'échange, tu seras fier de nous.

David-Emmanuel, Julien et Hanna Cohen

Chers amis, chère famille,

Nous sommes réunis ici aujourd'hui pour rendre hommage à un homme exceptionnel, notre oncle, Daniel Cohen. Un économiste brillant, un professeur inspirant, un père aimant et un mari dévoué, Daniel a laissé une empreinte indélébile sur nous tous.

Daniel était l'un de nos mentors : il nous écoutait, il ne nous jugeait pas, et il apportait toujours ses conseils précieux à nos problèmes divers. En effet, qu'il s'agisse de savoir comment améliorer un taux d'EBITDA normatif en se hedgant sur le dollar ou qu'il s'agisse de faire en sorte que notre grand-mère Suzie reçoive sur son téléphone des vidéos de son arrière-petite-fille Caia de meilleure qualité, Daniel avait réponse à tout et il nous éblouissait ainsi par son intelligence et sa gentillesse.

Daniel était un économiste de renom, reconnu pour son esprit vif et sa capacité à expliquer des concepts complexes de manière claire et précise. Il a déclaré un jour : « L'économie n'est pas une science des chiffres, mais une science de la vie. » Il vivait selon ce principe, en utilisant sa compréhension profonde de l'économie pour enrichir la vie des autres.

C'était aussi notre professeur d'économie en classe préparatoire. Il avait la rare capacité de faire ressortir le meilleur de ses élèves, de voir au-delà des chiffres et des graphiques et à ne jamais rien lâcher. Dans son combat contre la maladie, il nous a montré une fois de plus de quoi était faite ce qu'il appelait « la détermination des COHEN ». Il nous a appris que l'économie n'est pas seulement une question de richesse et de pauvreté, mais de choix et de conséquences, d'opportunités et de sacrifices. Nous garderons toujours ces leçons gravées dans notre mémoire.

La Torah nous enseigne que « l'étude de la Torah équivaut à tous les autres commandements » (Peah, 1:1). Daniel vivait cette vérité. Il était un fervent défenseur de la transmission du savoir, croyant fermement que l'éducation est le cadeau le plus précieux que l'on puisse offrir. Comme il le disait : « La connaissance est un trésor qui ne diminue jamais lorsqu'elle est partagée. »

À sa fille Pauline, sache que ton père était un homme de grande sagesse et de grande générosité. Il était fier de toi et il a travaillé dur pour te donner tous les outils nécessaires pour réussir. À sa femme, Martine, et à Charles et Clara, sachez que Daniel vous aimait profondément et chérissait chaque moment passé avec vous. Il a puisé sa force et sa motivation dans votre amour. Merci de l'avoir accompagné tout au long de cette épreuve.

À Michel, son frère, son acolyte de toujours et son meilleur ami, Daniel et toi partagiez un lien indissociable. Vous étiez plus que des frères, vous étiez des partenaires dans la vie, partageant la joie, la douleur, le rire et les larmes. Votre lien fraternel était une inspiration pour nous tous.

Aujourd'hui, nous disons au revoir à un homme extraordinaire qui a laissé un héritage indélébile. Daniel restera à jamais dans nos cœurs et nos esprits. Sa contribution à l'économie, son dévouement à l'enseignement et sa générosité intellectuelle perdureront bien au-delà de ce jour.

Puissions-nous tous trouver du réconfort dans les souvenirs que nous avons de lui et dans l'impact positif qu'il a eu sur nos vies.

BAROUKH DAYAN HAEMET

Roland Chiche

Ce n'est pas en tant que chirurgien urologue que j'interviens ce soir, mais en tant que cousin très proche de Daniel, nous avons grandi ensemble, et surtout son confident médical depuis toujours.

Depuis sa chambre stérile, il m'a fait l'honneur de me désigner comme personne de confiance, et j'ai eu le privilège immense d'avoir avec lui quotidiennement un dialogue singulier et de le soutenir au mieux.

Son acuité intellectuelle légendaire était restée intacte la plupart du temps, même lors de complications sévères.

Il était très préoccupé par sa maladie. Je lui ai traduit en permanence les informations de l'équipe soignante, délivrées dans un jargon plus abscons encore que le jargon économique.

Après lui avoir rappelé que, de même que l'économie, la médecine n'était pas une science exacte, je lui ai précisé que nous raisonnions en termes statistiques. Il a donc interrogé l'équipe soignante sur ses chances de guérison à chaque étape, puis il m'a appelé pour me dire que leurs calculs de probabilité étaient fantaisistes, lui donnant 125 chances sur 100 de guérison.

La lecture était pour lui comme de l'oxygène. Au début, il lisait Hegel, puis lorsqu'il était fatigué, un livre sur la jeunesse de François Mitterrand. Enfin lorsqu'il était physiquement amoindri, il continuait à lire des bandes dessinées.

Mais surtout, sa vivacité d'esprit est restée intacte jusqu'à la fin.

Je dois témoigner de sa résilience, de son courage, qui ont été hors du commun.

Un proverbe arabe dit que lorsque quelqu'un meurt, ses jambes s'allongent, c'est-à-dire qu'on le voit plus grand qu'il n'était en réalité. Tous vos témoignages, aujourd'hui, démontrent combien ses jambes étaient déjà longues de son vivant.

Dany

Hervé David Nahum

Dany Tunis
Dany Vichy
Dany Gennevilliers
Dany Le Chambon-sur-Lignon
Dany Paris Crozatier
Dany Saint-Raphaël
Dany au café de Flore
Dany Souccoth

Voilà ce qui me revient lorsque je pense à toi maintenant.

Tunis, c'est assis sur le rebord de la fenêtre du rez-de-chaussée de la villa de nos grands-parents, essayant de faire rentrer entre les barreaux de la grille un ballon qui ne pouvait pas passer, et c'est sans doute en essayant de résoudre ce problème que t'est venu l'amour des mathématiques.

Dany Vichy, on était passés vous voir car ton père s'était installé là. Avec Gaston Brami et sa femme, mes parents, on était partis pique-niquer mais on s'était arrêtés finalement dans un champ un peu au hasard et mon père t'avait filmé descendant maladroitement mais en courant la pente. Tu étais bien petit et Michou n'était pas encore né.

En arrivant en France en septembre 1961, on a passé plusieurs jours chez les sœurs Colombo. Jc crois que c'était à Gennevilliers, on s'ennuyait ferme, alors on faisait un peu les fous, Pierre, toi et moi, on avait même cassé une vitre, elles devenaient folles, les pauvres.

Et puis les vacances au Chambon-sur-Lignon, un des deux villages reconnus comme Justes parmi lcs nations. Tu y étais allé avec Maya qui d'ailleurs en a profité pour se casser la jambe.

Dany Paris, les vendredis soir avec ta mère Suzie, Miro, Roland, Pierre et moi. Le papeton avec des petits pois et de la sauce tomate.

Paris Saint-Raphaël, Fanfan nous a brutalement quittés. Alors avec Michou et mon père, on allait à la synagogue pour lui.

Mon père m'avait dit que lors d'une visite au cimetière du Borgel à Tunis, tu avais téléphoné au tien pour lui demander l'endroit où ton grand-père reposait et que tu avais fait poser une pierre convenable. Fanfan avait fait son devoir filial grâce à toi.

Dany au café de Flore, écoutant patiemment le projet micro-économique de l'aide au développement en Afrique de mon ami Daniel J.

Dany Souccoth. Chez Roland, un jour, tu soutenais *mordicus* que ton ami Dominique serait le prochain président, te souviens-tu ? Nous avions parié un dîner mais qui n'eut jamais lieu. Un dimanche matin, je t'appelai pour t'annoncer que tu nous devais un dîner.

Et puis à chaque sortie de livre, tu m'en envoyais un exemplaire gentiment dédicacé, que je lisais rapidement en te disant parfois mes commentaires de béotien.

Voilà, Dany, ce qui me vient lorsque je pense à toi, et D.ieu sait si j'y pense souvent.

Ton cousin David.

Oraison de Daniel Cohen

Ariel Messas, rabbin de la synagogue
Maguen David-Ahavat Shalom,
fondée par le Grand Rabbin de Paris
David Messas en 2005

Chère famille, chers amis, Monsieur le Ministre,

Après les très belles et fortes oraisons que nous venons d'entendre, je vais laisser mes notes afin de ne pas être redondant.

Un mot me vient à l'esprit en ce moment, c'est celui d'« éternité ». Les maîtres de la tradition juive professent l'idée de l'éternité de l'âme.

Ils soutiennent que l'âme vient du monde « d'en haut » ; qu'elle investit, pour le temps de sa vie terrestre, un corps dans le monde « d'en bas » puis, lorsque son enveloppe charnelle n'est plus à même de la porter dans le monde « des vivants », elle rejoint le monde « d'en haut » duquel elle est issue.

Le séjour de l'âme sur terre a pour vocation de lui permettre, toujours selon la tradition juive, à travers ses réalisations ainsi qu'à travers les épreuves qu'elle aura surmontées tout au long de son existence terrestre, de rejoindre le monde « d'en haut » plus belle qu'elle n'était lors de sa venue dans le monde « d'en bas ».

Afin d'appuyer cette idée, le Talmud enseigne que si l'on demande à un jeune enfant qui n'a jamais été confronté à la mort combien de temps il vivra, sa réponse sera « des générations et des générations ». En d'autres termes : l'éternité.

Le moi connaît le goût de l'éternité. Il ne vieillit pas. Seul le corps qui porte l'âme s'altère avec le temps qui passe.

La tradition juive enseigne qu'il existe une autre sorte d'éternité.

Chaque être vivant laisse une trace éternelle de son action sur terre. Les réalisations d'un défunt lui survivent après son décès. Nos maîtres vont jusqu'à dire que, lorsque l'on cite un enseignement d'une personne après sa disparition : « Ses lèvres bougent dans sa tombe ! » Faire vivre l'enseignement et les valeurs de celui qui n'est plus, c'est lui donner une vie après la vie.

Chers amis, le regretté Daniel Cohen auquel nous rendons hommage aujourd'hui fut un merveilleux époux, un père aimé, un frère exemplaire, un oncle chéri, un ami sur lequel on pouvait compter, un brillant économiste de renommée mondiale, le créateur et le président de l'École d'économie de Paris, *senior advisor* de la banque Lazard, spécialiste de la dette souveraine ayant activement participé à la restructuration de la dette grecque et argentine, conseiller de nombreux chefs d'État, et de nombreuses personnalités, ayant développé un projet avec Bill Gates pour « sauver » l'Afrique.

Son âme rejoint le monde « d'en haut » plus belle qu'elle n'était lors de sa venue dans le monde « d'en bas » et ses valeurs et ses idées continueront de vivre après son décès pour l'éternité.

Hier encore, j'ai visionné quelques-uns des nombreux entretiens qu'il a accordés à différents médias qui, tous, voulaient entendre sa parole. J'ai été fasciné par la profondeur de ses analyses et par l'attention extrême que lui portait son auditoire.

Chers amis, dans les premiers versets de la Bible, il est dit : « L'Éternel dit : "Nous allons faire l'homme à notre image"... » (Genèse 1, 26).

Les exégètes, dont Rachi qui vécut en France, en Champagne, au XIe siècle, s'étonnent de l'emploi du pluriel à l'attention de D.ieu : « Nous allons faire l'homme », alors que, selon le récit biblique, D.ieu est la seule force créatrice à l'origine de l'apparition de la vie humaine sur terre.

Rachi explique que la Genèse nous délivre ainsi une grande leçon d'humilité : lorsque l'on réalise de grandes choses, il faut partager sa réussite avec les autres. Il ne faut pas dire : « J'ai réalisé », mais : « Nous avons réalisé. » Il faut être à l'image de D.ieu qui associe les créatures célestes à Sa propre réalisation.

Permettez-moi de partager avec vous un autre commentaire qui me touche particulièrement. Il nous permettra de comprendre comment un être humain peut réaliser et accomplir les merveilleuses potentialités dont il est doté à sa naissance.

Dans ce verset : « Nous allons faire l'homme », D.ieu s'adresse à l'homme et lui dit : « Sache que tu n'es pas seul dans les combats que tu mèneras, ta vie durant, pour t'accomplir et accomplir le monde dans lequel tu te trouves. Nous allons créer ensemble l'homme qui est en toi. Toi par tes efforts constants et Moi, dit D.ieu, par l'aide que Je t'apporterai tout au long de ton existence. »

Cette aide, D.ieu nous l'apporte d'abord par le majestueux univers dans lequel Il a installé l'homme.

La nature est un livre ouvert dans lequel se trouve inscrite la parole Divine. D.ieu s'exprime à travers son œuvre, à l'instar d'un artiste qui s'exprime à travers ses réalisations.

La condition pour bénéficier de ces aides est de savoir s'en saisir, d'être à même de s'ouvrir à autre chose que soi-même, d'être à même de porter un regard sur le monde qui nous entoure, d'être à même d'écouter autrui, d'accepter que l'on ait besoin de la pensée d'autrui pour se construire.

Daniel Cohen fut cet homme qui savait ouvrir les yeux sur le monde, qui savait ne pas s'arc-bouter sur des vérités préétablies, qui cherchait dans ce qu'il voyait, rencontrait, vivait, des éléments de réponses aux questions, si nombreuses, qu'il se posait.

Son dernier ouvrage *Homo numericus* semble être une véritable plaidoirie pour cette idée. Pour lui, l'intelligence artificielle, les réseaux sociaux, l'Internet, au lieu d'ouvrir l'homme sur le monde, le renferment de plus en plus sur lui-même, en lui proposant des contenus qui vont dans le sens des idées qui sont les siennes. Dans ces conditions, la découverte devient quasi impossible. Les erreurs que l'on commet ne peuvent être corrigées. La pensée se sclérose et se stérilise. Cette intuition est également celle du chabbat puisque la Torah nous engage, un jour par semaine, à cesser toute activité humaine créatrice afin de pouvoir contempler et méditer le monde dans lequel nous nous trouvons.

Si Daniel Cohen a su lire le monde, c'est certainement parce que, à l'instar des enfants s'émerveillant naturellement des choses les plus banales de la vie, il a su s'émerveiller de tout, sa vie durant.

Pour déceler un élément nouveau dans un élément que l'on connaît depuis toujours, il faut le voir comme si on le voyait pour la première fois de sa vie. L'émerveillement permet de voir des détails, des facettes, des lumières auxquels n'ont pas accès ceux qui en sont privés.

Le judaïsme projette très vite le jeune adolescent dans le monde des adultes : 13 ans pour les garçons, 12 pour les jeunes filles. Il nous enjoint également à prendre avec nous, tout au long de notre vie, la fraîcheur du regard qui fut la nôtre au cours de notre enfance.

Ainsi, « le couvercle » qui protégeait l'Arche sainte dans le Temple était confectionné par un bloc d'or, dans lequel étaient sculptés les corps de deux chérubins, l'un masculin, l'autre féminin, pour signifier, d'une part, notre responsabilité vis-à-vis des enfants, mais peut-être aussi pour indiquer, d'autre part, que seuls les enfants, ou les adultes ayant gardé leur âme d'enfant, trouveront le chemin menant à la compréhension de la loi se trouvant à l'intérieur de l'Arche.

Michel, son frère, au cours des longues discussions que j'ai eues avec lui, m'a relaté que les figures bibliques auxquelles Daniel était très attaché sont Joseph, fils du patriarche Jacob, qui fut au cours de la dernière période de son existence vice-roi d'Égypte et sauva l'économie mondiale, Moïse qui fut appelé à quitter le palais du Pharaon pour devenir celui qui procédera à la libération de ses frères hébreux d'un terrible esclavage, et enfin Jonas qui fut amené à sauver la grande ville de Ninive et sa population nombreuse.

Ce qui relie ces personnalités, c'est que, lorsque la situation dans laquelle elles se sont trouvées a exigé d'elles qu'elles quittent des zones de confort, qu'elles agissent pour le bien de tous, elles ne se sont pas dérobées de leur responsabilité.

Tant Joseph que Moïse et, à sa suite, Jonas ont été à la hauteur des missions auxquelles les circonstances de leur vie les ont confrontés.

Daniel Cohen était un éternel étudiant. Il était heureux dans sa fonction de professeur, d'écrivain, d'homme de science, cependant, lorsque l'on sollicitait son aide, son implication dans un projet où ses compétences pouvaient être utiles, il n'hésitait pas à sortir du monde de l'étude dans lequel il se trouvait si bien. En cela, Daniel Cohen était un homme responsable, un citoyen de son pays et un citoyen du monde.

Je finirai en évoquant sa passion pour l'enseignement et ses élèves – dont Esther Duflo qui a été gratifiée du prix Nobel d'économie – qui, selon l'expression des Maximes des pères, « buvaient avec soif » ses paroles.

Daniel Cohen rejoint le monde de l'éternité et sa voix restera vivante pour l'éternité.

Que son souvenir soit source de bénédictions. Amen.

Bibliographie

Homo numericus. La « civilisation » qui vient, Albin Michel, 2022.

Les Origines du populisme. Enquête sur un schisme politique et social, avec Yann Algan, Elizabeth Beasley et Martial Foucault, Seuil, 2019.

« Il faut dire que les temps ont changé... » Chronique (fiévreuse) d'une mutation qui inquiète, Albin Michel, 2018.

Le monde est clos et le désir infini, Albin Michel, 2015.

Homo economicus, prophète (égaré) des temps nouveaux, Albin Michel, 2012.

Macroéconomie, avec Olivier Blanchard, Pearson Education, 2010.

La Prospérité du vice, une introduction (inquiète) à l'économie, Albin Michel, 2009 ; réédition Hachette, « Pluriel ».

Trois leçons sur la société post-industrielle, Seuil, « La République des idées », 2006.

La Mondialisation et ses ennemis, Grasset, 2004 ; réédition Hachette, « Pluriel », 2005.

Nos temps modernes, Flammarion, 2000 ; réédition « Champs », 2008.

Richesse du monde, pauvretés des nations, Flammarion, 1997 ; réédition « Champs », 2010.

Les Infortunes de la prospérité, Julliard, 1994 ; réédition Presses Pocket, « Agora », 1997.

Remerciements

Au nom de toute notre famille, je tiens à remercier chaleureusement et à témoigner notre immense gratitude à tous ceux qui ont rendu ce livre possible : Laury Coenca, son ami de toujours, Alexandre Wickham, son éditeur et ami si proche, Gilles Haéri, président d'Albin Michel, Virginie Plantard qui a géré ce projet avec tact et efficacité et construit cet ouvrage brique par brique, Patricia Picard pour son organisation et son attention bienveillante, Marie-Pierre Coste-Billon et toutes les équipes d'Albin Michel pour leur savoir-faire incroyable et leur gentillesse, et enfin, *last but not least*, tous ceux qui par leur contribution ont nourri ce texte et apporté leur pierre, comme dans la tradition juive, à cet hommage posthume dédié à la vie et à l'œuvre de mon frère Daniel.

Michel Cohen

Composition : IGS-CP
Impression : CPI Blackprint en janvier 2024
Éditions Albin Michel
22, rue Huyghens, 75014 Paris
www.albin-michel.fr

ISBN : 978-2-226-49144-2
N° d'édition : 25809/01
Dépôt légal : février 2024
Imprimé en Espagne